효성그룹

인적성검사

적성검사 + 인성검사 + 면접

효성그룹
인적성검사

개정 2판 발행		2022년 6월 10일
개정 3판 발행		2023년 10월 9일

편 저 자 ┃ 취업적성연구소
발 행 처 ┃ ㈜서원각
등록번호 ┃ 1999-1A-107호
주　　소 ┃ 경기도 고양시 일산서구 덕산로 88-45(가좌동)
교재주문 ┃ 031-923-2051
팩　　스 ┃ 031-923-3815
교재문의 ┃ 카카오톡 플러스 친구[서원각]
홈페이지 ┃ goseowon.com

우리나라 기업들은 1960년대 이후 현재까지 비약적인 발전을 이루었다. 이렇게 급속한 성장을 이룰 수 있었던 배경에는 우리나라 국민들의 근면성 및 도전정신이 있었다. 그러나 빠르게 변화하는 세계 경제의 환경에 적응하기 위해서는 근면성과 도전정신 이외에 또 다른 성장 요인이 필요하다.

한국기업들이 지속가능한 성장을 위해서는 혁신적인 제품 및 서비스 개발, 선도 기술을 위한 R&D, 새로운 비즈니스 모델 개발, 효율적인 기업의 합병·인수, 신사업 진출 및 새로운 시장 개발 등 다양한 대안을 구축해 볼 수 있다. 하지만 이러한 대안들 역시 훌륭한 인적자원을 바탕으로 할 때에 가능하다. 최근으로 올수록 기업체들은 자신의 기업에 적합한 인재를 선발하기 위해 기존의 학벌 위주의 채용을 탈피하고 기업 고유의 인·적성검사 제도를 도입하고 있는 추세이다.

효성그룹에서도 업무에 필요한 역량 및 책임감과 적응력 등을 구비한 인재를 선발하기 위하여 고유의 인적성검사를 치르고 있다. 본서는 효성그룹 채용대비를 위한 필독서로 효성그룹 인적성검사의 출제경향을 철저히 분석하여 응시자들이 보다 쉽게 시험유형을 파악하고 효율적으로 대비할 수 있도록 구성하였다.

신념을 가지고 도전하는 사람은 반드시 그 꿈을 이룰 수 있습니다. 처음에 품은 신념과 열정이 취업성공의 그 날까지 빛바래지 않도록 서원각이 수험생 여러분을 응원합니다.

STRUCTURE

출제예상문제

출제경향을 분석한 영역별 출제예상문제를 필요한 해설만을 함께 수록하여 학습효율을 확실하게 높였습니다.

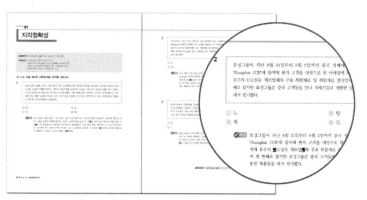

인성검사

인성검사의 개요와 실전 인성검사를 수록하여 인성검사의 개념과 유형을 확인할 수 있습니다.

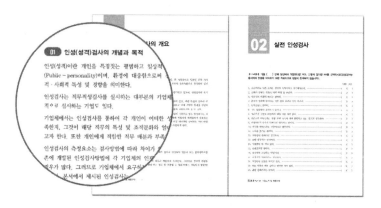

면접

성공취업을 위한 면접의 다양한 정보와 궁금증을 해소할 수 있는 내용을 수록하여 취업의 마무리까지 깔끔하게 책임집니다.

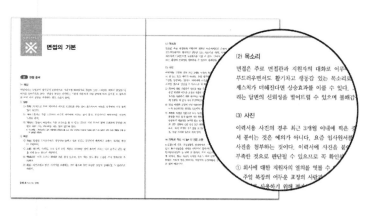

CONTENTS

PART 01 **기업소개 및 채용안내**

01. 효성그룹 소개 ··· 8

02. 채용안내 ··· 10

PART 02 **출제예상문제**

01. 지각정확성 ··· 16

02. 언어유추력 ··· 46

03. 언어추리력 ··· 62

04. 공간지각력 ··· 88

05. 판단력 ··· 108

06. 응용계산력 ··· 147

07. 수추리력 ··· 174

08. 창의력 ··· 196

PART 03 **인성검사**

01. 인성검사의 개요 ·· 206

02. 실전 인성검사 ·· 224

PART 04 **면접**

01. 면접의 기본 ··· 240

01 효성그룹 소개

02 채용안내

PART 01

기업소개 및 채용안내

효성그룹 소개

01 개요

새롭게 펼쳐질 미래의 변화가 모두가 꿈꾸는 희망하는 더 나은 내일로 행할 때 비로소 그 변화는 가치를 가질 수 있습니다. 가치 있는 변화는 수많은 산업과 기술에 영감을 불어넣고 변화를 주도하는 창의적인 기업은 더 나은 내일의 모습을 가장 먼저 제시합니다. 효성은 이것이 가장 가치 있는 'creativity'라고 생각합니다.

효성은 이미 대부분의 사업에서 대한민국 NO.1을 차지하고 있지만 '우물 안 개구리'로 안주하지 않고 세계시장을 향해 늘 도전하고 있습니다. 항상 사회의 일원임을 기억하고 사회에 보탬이 되는 기업이 되고자 노력하고 있습니다.

02 Hyosung Way

Hyosung Way는 전 세계 모든 효성인이 힘과 의지를 하나로 모아 꿈을 현실로 만들어 나가기 위해 만들어진 가치체계입니다. Hyosung Way의 실천을 통해 효성은 글로벌 일류기업으로 도약하고 고객의 삶의 질 향상에 기여하는 기업이 될 것입니다.

① 미션 … "최고의 기술과 경영 역량을 바탕으로 인류의 보다 나은 생활을 선도한다."
효성의 존재이유는 '최고의 인재'들이 '최고의 기술'과 '경영역량'을 발휘함으로써 고객가치를 극대화시킬 수 있는 상품과 서비스를 제공하고, 나아가 인류의 삶의 가치를 향상시키는 것입니다.

② 핵심가치 및 행동원칙

핵심가치	행동원칙
최고	• 끊임없이 학습하여 어떠한 상황에서도 승리할 수 있는 경쟁력을 만든다. • 글로벌 마인드로 세계를 개척한다.
혁신	• 부가가치 없는 모든 일을 제거한다. • 긍정의 마인드로 새로운 가능성에 도전한다.
책임	• 주인의식을 가지고 주도적으로 일한다. • 몇 번이든 시도하여 악착같이 해낸다.
신뢰	• 사실과 원칙에 입각하여 투명하고 공정하게 일한다. • 서로 존중하고 협력하여 행복한 일터를 만든다.

03 사업분야

섬유/무역	중공업/건설	산업자재
• 효성티앤씨㈜	• 효성중공업㈜ • 효성굿스프링스㈜ • 진흥기업㈜	• 효성첨단소재㈜ • Global Safety Textiles
화학	**정보통신**	**기사 사업부문**
• 효성화학㈜	• 효성티앤에스㈜ • 효성인포메이션시스템㈜ • 효성ITX㈜ • 갤럭시아일렉트로닉스㈜ • 갤럭시아커뮤니케이션즈㈜	• 더클래스효성㈜ • 효성토요타㈜ • 더프리미엄효성㈜ • ㈜FMK • 효성프리미어모터스㈜ • ㈜아승오토모티브그룹 • 신화인터텍㈜

채용안내

02 인재상

① **최고** ··· 글로벌 경쟁력과 최고의 역량을 갖춘 인재

② **혁신** ··· 새로운 가능성에 도전하는 인재

③ **책임** ··· 주인의식을 가지고 일하는 인재

④ **신뢰** ··· 동료와 업무에 있어 신뢰를 구축해 나가는 인재

02 직무소개

① 생산기술

생산관리	글로벌 시장을 선도하는 기술력을 바탕으로 고객 니즈에 최적화 된 품질 규격에 맞는 제품이 적시에 안정적으로 생산될 수 있도록 생산 공정을 최적의 상태로 운영하며, 나아가 미래 시장에서도 요구되는 경쟁력을 갖추기 위해 생산 공정을 개선하여 원가 경쟁력을 강화하는 등 생산 전반의 효율을 극대화 합니다.
품질보증	국내/외 공장에서 생산한 제품의 품질 검사 및 개선 업무를 수행하고 글로벌 품질·안전·환경 기준에 입각하여 국제 품질 표준을 인증 및 관리합니다. 주기적인 협력사 관리 및 지원을 통해 균일한 품질을 구현, 고객 불만사항 및 클레임 발생 시 신속하고 정확한 개선 조치를 통해 고객 만족을 실현합니다.
기계/전기 보전	생산 설비와 전기/수배전 설비가 최적의 상태를 유지할 수 있도록 유지 보수하고, 기 설치된 설비가 능력을 극대화 할 수 있도록 기존 설비의 문제점을 파악하고, 설비를 개선합니다. 또한 국내/외 공장 신/증설 시 새로운 기계장치를 설계 및 설치해 빠른 시간 안에 공정이 안정화되도록 합니다.

Utility 관리	생산 설비가 정상적으로 가동되기 위해 필요한 공장의 동력, 환경설비, 유틸리티 설비 등의 운영 및 유지보수와 개선을 통해 공정 효율을 높이고 에너지 절감 및 배출량 저감 활동을 추진합니다.
환경관리	유해화학물질 관리를 통한 환경영향 최소화, 대기오염 방지시설, 폐수처리장, 폐기물 처리시설 등 환경시설을 관리 및 운영하여 사업활동으로 인한 부정적인 환경 영향을 최소화합니다.
안전관리	환경안전 법규를 준수하는 사업장 안전 표준을 수립하고 관리하며, 근로자의 잠재적 사고를 예방하기 위해 생산 현장과 공사업체 작업 현장을 관리합니다.

② 경영지원

전략기획	회사가 지속 성장할 수 있도록 사업의 비전과 목표를 수립하고, 경영목표를 달성하고 기존 사업 역량을 강화하기 위해 다양한 경영전략을 경영진에 제시하며, 사업 Risk에 사전 대응하는 등 경영과 관련된 다양한 업무를 수행합니다.
재무	회사 경영활동에 필요한 자금을 조달하고 집행하는 자금 업무, 대내외 공시업무 및 재무제표 작성과 결산보고를 통해 회사의 재무정보를 대내외 제공하는 회계업무와 법인세, 부가세 등 신고를 담당하는 세무업무를 주로 수행합니다.
인사/교육	채용, 평가, 인력운영, 건전한 노사관계 구축 등을 통해 인적 자원을 효율적으로 관리하고, 임직원들이 글로벌 사업을 운영할 수 있는 비즈니스 역량을 갖춘 인재로 성장할 수 있도록 교육 프로그램을 운영하여, 개인과 조직의 경쟁력을 강화하고 있습니다.
총무	조직원들이 최적의 환경에서 주인의식과 열정을 갖고 자신의 역량을 마음껏 발휘할 수 있도록 최적의 근무환경을 조성하고, 각종 행사를 진행하며, 회사의 유무형 자산을 관리합니다.
홍보	각종 매체, 언론 홍보 등 기업의 경영활동과 사회공헌 활동 등을 대내외에 알려 기업 이미지를 개선하는 대외 PR 업무와, 회사의 가치와 기업 문화 등을 사보, 사내방송 등의 사내 커뮤니케이션 채널을 통해 임직원들에게 공유하는 대내 커뮤니케이션 업무를 수행합니다.
법무	조직원들이 법과 사내 규칙에 따라 업무를 수행하도록 지원합니다. 회사의 활동 중 발생할 수 있는 법적 리스크를 관리하고, 법적 분쟁 발생시 자문하고 소송 및 중재 업무를 수행합니다.

③ 연구(효성기술원)

연구기획/관리	기술원의 비전과 전략을 수립하고, 중장기 연구개발 방향을 제시하고 실행합니다. 시장 및 기술 조사를 통해 신규 연구 과제를 발굴하고, 체계적인 관리로 연구 효율성을 극대화합니다. 특허, 논문 및 기술 보고서 등의 지식재산권 전반을 관리하고, 우수 인재 채용 및 연구원 맞춤 교육을 운영하여 연구 역량과 기술 전문성을 강화합니다. 연구에 전념할 수 있도록 안전한 실험실 환경을 구축하고, 연구활동에 수반되는 구매, 시설 등 행정업무를 지원합니다.
제품연구	기술원의 10대 핵심기술(중합/합성, 방사/연신, 촉매/공정, 필름제막, 코팅가공, 바인더/배합, 컴파운딩, 복합재료, 나노, 무기재료 등)을 바탕으로 그룹의 새로운 성장 동력원이 될 고기능성 섬유, 광학필름, 환경/에너지 소재, Enpla/복합재료, 전자재료 등 차별화 신제품을 개발하고 있습니다. 핵심 기술의 융복합화를 통해 기술 경쟁력을 확보하고, 회사가 지속 성장할 수 있는 신제품 연구를 수행합니다.
촉매 및 공정 연구	독자 기술로 프로판 탈수소 촉매/공정, 폴리케톤 엔지니어링 플라스틱, 고기능 탄소섬유 등을 개발하였고, 지속적으로 촉매 개발 및 공정 최적화 연구를 수행중에 있습니다. 논리적이고 이론적인 mechanism을 규명하는 연구 활동을 통해 Global Top 수준의 기술력을 확보하고 있습니다.
원가절감 및 품질향상 연구	공정의 생산성 향상, 원료 국산화 등을 통한 제품의 원가 절감뿐만 아니라, 고객의 소리(VOC)를 최우선으로 하여 제품의 품질을 향상함으로써 고객에게 최고의 가치(VIU)를 제공하기 위한 연구를 수행하고 있습니다.

④ 연구(생산기술센터)

생산기술 개발	개발된 제품이 실제 공정에서 원활히 생산되도록 하기 위한 시뮬레이션/해석, 공정 설계, 설비 개선, 기술 이슈 해결, 신증설 프로젝트를 수행합니다.

⑤ 연구(중공업연구소)

기술기획	중공업의 사업전략과 연계한 제품·기술 개발 전략 수립과, 효율적인 R&D를 위해 과제 프로세스를 구축 및 운영합니다. 이를 통해, 기존사업의 제품 경쟁력 강화와 신사업을 적기에 사업화 할 수 있도록 지원합니다.
연구관리	중공업의 사업전략과 연계한 R&D 활동의 성공을 위해서 연구인력, 연구비, 자산(특허포함), 인프라, 관리시스템을 효율적으로 관리·운영하고, R&D 결과물인 제품·기술의 자산화 관리 및 연구인력들의 R&D 직무역량을 Global Top수준으로 육성하고 지원합니다.
제품연구	중공업에서 사업하는 제품의 경쟁력을 강화하고 Smart 전력사업의 Leader 가 되기 위해 고객에게 가치를 제안하는 차별화된 제품을 개발합니다. 그리고 회사가 지속 성장할 수 있도록 신사업 제품 연구를 수행합니다.
기술연구	중공업에서 사업하는 제품의 원가절감, 품질 및 신뢰성을 지속적으로 향상시키고, 차별화된 핵심 기술을 확보하기 위해 기반기술(계통/제어/재료/전자계/열유동/진동소음/신뢰성) 연구를 수행합니다.

03 채용절차(2023년 하반기 신입공채 기준)

① 지원대상

　　㉠ 학사/석사 학위를 취득하였거나, '24년 2월 졸업예정인 분

② 전형절차 : 서류전형 > 인적성 > 면접 > 채용검진 > 최종합격

③ 모집분야

직무	세부 직무	직무	세부 직무
영업	해외영업	R&D	섬유 · 화학 소재 연구
	국내영업		중공업 연구
	기술영업		펌프연구
	무역영업	IT	시스템 개발
	물류영업		IT 영업
	마케팅		IT CS
생산기술	섬유 · 화학 소재 생산기술	관리	구매
	섬유 · 화학 소재 생산지원		재무
	중공업 생산기술		경영관리/ESG
건설 시공	건설/시공		신사업
			인사/총무
			홍보

01 지각정확성

02 언어유추력

03 언어추리력

02 공간지각력

05 판단력

06 응용계산력

07 수추리력

08 창의력

PART

02

출제예상문제

CHAPTER 01

지각정확성

[출제목적] 단순지각능력, 순발력 등을 측정하고자 하는 영역

[출제유형] • 지각속도와 관련된 문제의 유형
          • 불규칙적으로 늘어놓은 좌우의 문자열을 비교하는 유형
          • 제시된 기호군(群)에 포함되지 않은 기호를 찾는 유형
          • 특정 기호가 반복되는 횟수를 세는 유형

┃1~3┃ 다음 제시된 지문에 없는 문자를 고르시오.

1

> 효성그룹은 올해 상반기, 작년 동기 대비 1,065명의 신규 일자리 창출을 완료하여 고용절벽 해소를 위한 노력을 꾸준히 이행해 왔으며, 정부가 공공기관을 중심으로 도입을 추진 중인 임금피크제를 통한 고용유지 및 청년일자리 창출에도 적극적으로 앞장서왔다. 이와 함께 올해 7월부터는 24시간 연속공정으로 가동해야 하는 화학 공장의 특성을 고려, 근로시간을 단축해 근로자들이 안정적으로 일과 가정생활을 병행할 수 있도록 4조3교대제를 도입하였다.

① 영   ② 유
③ 안   ④ 입

> ✔ **해설** 효성그룹은 올해 상반기, 작년 동기 대비 1,065명의 신규 일자리 창출을 완료하여 고용절벽 해소를 위한 노력을 꾸준히 이행해 왔으며, 정부가 공공기관을 중심으로 도**입**을 추진 중인 임금피크제를 통한 고용**유**지 및 청년일자리 창출에도 적극적으로 앞장서왔다. 이와 함께 올해 7월부터는 24시간 연속공정으로 가동해야 하는 화학 공장의 특성을 고려, 근로시간을 단축해 근로자들이 **안**정적으로 일과 가정생활을 병행할 수 있도록 4조3교대제를 도**입**하였다.

2

효성그룹이 지난 8월 31일부터 9월 2일까지 중국 상해에서 진행되는 중국 최대 복합재료 전시회인 'Shanghai CCE'에 참여해 현지 고객을 대상으로 한 마케팅에 박차를 가하고 있다. 'Shanghai CCE'는 세계 유수의 탄소섬유 제조업체와 주요 복합재료 및 복합재료 설비업체들이 참가하고 있다. 지난해에 이어 세 번째로 참가한 효성그룹은 중국 고객들을 만나 자체기술로 개발한 탄소섬유 브랜드인 '탄섬'이 적용된 제품들을 대거 전시했다.

① 노   ② 탄

③ 체   ④ 드

✔해설 효성그룹이 지난 8월 31일부터 9월 2일까지 중국 상해에서 진행되는 중국 최대 복합재료 전시회인 'Shanghai CCE'에 참여해 현지 고객을 대상으로 한 마케팅에 박차를 가하고 있다. 'Shanghai CCE'는 세계 유수의 **탄**소섬유 제조업**체**와 주요 복합재료 및 복합재료 설비업**체**들이 참가하고 있다. 지난해에 이어 세 번째로 참가한 효성그룹은 중국 고객들을 만나 자**체**기술로 개발한 **탄**소섬유 브랜**드**인 '**탄**섬'이 적용된 제품들을 대거 전시했다.

3

효성그룹에서 신입사원을 모집한다. 이번 채용은 산업자재 PG(Performance Group) 내 강선연구소 타이어 보강재에서 진행된다. 모집부문은 R&D와 품질관리다. R&D 직군에 지원하기 위해서는 석사 이상의 학위가 요구된다. 특히 기계, 화학·화공, 금속, 신소재·재료 전공자를 우대한다. 품질관리 직무의 지원 자격은 학사 이상의 학위자(금속관련 전공자 우대)로 신입과 경력 모두 지원 가능하다.

① 연   ② 지

③ r   ④ q

✔해설 효성그룹에서 신입사원을 모집한다. 이번 채용은 산업자재 PG(Pe<u>r</u>fo<u>r</u>mance G<u>r</u>oup) 내 강선**연**구소 타이어 보강재에서 진행된다. 모집부문은 R&D와 품질관리다. R&D 직군에 **지**원하기 위해서는 석사 이상의 학위가 요구된다. 특히 기계, 화학·화공, 금속, 신소재·재료 전공자를 우대한다. 품질관리 직무의 **지**원 자격은 학사 이상의 학위자(금속관련 전공자 우대)로 신입과 경력 모두 **지**원 가능하다.

┃4~6┃ 다음에 주어진 두 지문에서 서로 다른 곳이 몇 군데인지 고르시오.

4

효성이 문화체육관광부가 주최하고 한국문화예술위원회가 주관한 '문화예술후원 매개단체 및 우수기관 인증식'에서 문화예술후원 우수기관으로 인증을 받았다. 효성은 '요요마와 실크로드 앙상블'과 함께 지난 20××년부터 다문화가정 청소년 및 장애아동을 대상으로 티칭 클래스를 개최해 왔으며, 중증뇌병변장애아동시설 '영락애니아의 집' 아이들을 위해 '찾아가는 클래식 음악회' 열고, 장애아동·청소년 오케스트라 '온누리 사랑 챔버'와 학교폭력예방 뮤지컬을 만드는 '사단법인 아리인'을 후원하는 등 도움이 필요한 계층의 문화 향유 기회 제공을 위해 다양하게 노력해 온 공로를 인정받았다.

효성이 문화체육관광부가 주최하고 한국문화예술위원회가 주최한 '문화예술후원 매개단체 및 우수기관 인증식'에서 문화예술후원 우수기관으로 인증을 받았다. 효성은 '요요마와 실크로드 앙상블'과 함께 지난 20××년부터 다문화가정 청소년 및 장애아동을 대상으로 티칭 클래스를 개최해 왔으며, 중증뇌병변장애아동시설 '영락애니아의 집' 아이들을 위해 '찾아가는 클래식 음악회' 열고, 장해아동·청소년 오케스트라 '온누리 사랑 챔버'와 학교폭력예방 뮤지컬을 만드는 '사단법인 아리인'을 후원하는 등 도움이 필요한 계층의 문화 향유 기회 제공을 위해 다양하게 노력해 온 공로를 인정받았다.

① 없다　　　　　　　　　　　② 1군데
③ 2군데　　　　　　　　　　　④ 3군데

✔해설　효성이 문화체육관광부가 주최하고 한국문화예술위원회가 **주최한** '문화예술후원 매개단체 및 우수기관 인증식'에서 문화예술후원 우수기관으로 인증을 받았다. 효성은 '요요마와 실크로드 앙상블'과 함께 지난 20××년부터 다문화가정 청소년 및 장애아동을 대상으로 티칭 클래스를 개최해 왔으며, 중증뇌병변장애아동시설 '영락애니아의 집' 아이들을 위해 '찾아가는 클래식 음악회' 열고, **장해아동**·청소년 오케스트라 '온누리 사랑 챔버'와 학교폭력예방 뮤지컬을 만드는 '사단법인 아리인'을 후원하는 등 도움이 필요한 계층의 문화 향유 기회 제공을 위해 다양하게 노력해 온 공로를 인정받았다.

5

○○정신의학회는 조사전문기관 M기관에 의뢰해 지난달 서울과 6대 광역시에서 만 20~59세 남녀 1000명을 대상으로 '정신건강과 행복 조사'라는 설문조사를 진행해 이 같은 결과를 확인했다고 밝혔다. 본인이 행복하지 않다고 응답한 비율은 36%로 조사됐다. 행복하다고 응답한 비율은 64%였다. 전체 대상자 중 3분의 1 정도가 우울, 불안, 분노 같은 정서문제를 경험하고 있었다. 우울증과 불안장애가 의심되는 비율은 각각 28%, 21%였고 분노조절장애가 의심돼 전문가 상담이 필요한 대상자도 11%에 달했다.

○○정신의학회는 조사전문기관 M기관에 의뢰해 지난달 서울과 6대 광역시에서 만 20~69세 남녀 1000명을 대상으로 '정신건강과 행복 조사'라는 설문조사를 진행해 이 같은 결과를 확인했다고 밝혔다. 본인이 행복하지 않다고 응답한 비율은 36%로 조사됐다. 행복하다고 응시한 비율은 64%였다. 전체 대상자 중 3분의 1 정도가 우울, 불안, 분노 같은 정서문제를 경험하고 있었다. 우울증과 불면장애가 의심되는 비율은 각각 28%, 21%였고 분노조절장애가 의심돼 전문가 상의가 필요한 대상자도 11%에 달했다.

① 4군데
② 3군데
③ 2군데
④ 1군데

✔해설 ○○정신의학회는 조사전문기관 M기관에 의뢰해 지난달 서울과 6대 광역시에서 만 20~**69세** 남녀 1000명을 대상으로 '정신건강과 행복 조사'라는 설문조사를 진행해 이 같은 결과를 확인했다고 밝혔다. 본인이 행복하지 않다고 응답한 비율은 36%로 조사됐다. 행복하다고 **응시**한 비율은 64%였다. 전체 대상자 중 3분의 1 정도가 우울, 불안, 분노 같은 정서문제를 경험하고 있었다. 우울증과 **불면**장애가 의심되는 비율은 각각 28%, 21%였고 분노조절장애가 의심돼 전문가 **상의가** 필요한 대상자도 11%에 달했다.

6

시민단체 문화재 제자리 찾기는 6일 오후 2시께 서울 종로구 한국불교역사기념관에서 출범식을 갖고 LA 주립박물관이 소장하고 있는 문정왕후의 어보를 되찾기 위한 백악관 청원운동 '응답하라 오바마' 프로젝트를 진행한다고 밝혔다. 문정왕후 어보는 왕실의 권위를 상징하는 도장으로, 한국전쟁 중 미군에 의해 도난당한 왕실 어보 47과 중 하나다. '응답하라 오바마' 프로젝트는 어보를 되찾기 위한 10만 명의 서명을 모아 백악관에 공식적으로 청원을 제출하는 것을 목적으로 한다. 문화재 제자리 찾기는 "5일부터 시작한 10만 명 서명에 성공할 경우 문정왕후 어보는 미군 약탈품이라는 것이 확정되기 때문에 백악관의 공식답변도 반환요구에 긍정적일 것으로 판단한다"고 말했다.

시민단체 문화재 제자리 찾기는 6일 오후 2시께 서울 종로구 한국불교역사박물관에서 출범식을 갖고 LA 주립박물관이 소장하고 있는 문정왕후의 어보를 되찾기 위한 백악관 청원운동 '응답하라 오바마' 프로젝트를 진행한다고 밝혔다. 문정왕후 어보는 왕실의 권위를 상징하는 도장으로, 한국전쟁 중 미군에 의해 도난당한 왕실 어보 47과 중 하나다. '응답하라 오바마' 프로젝트는 어보를 되찾기 위한 10만 명의 서명을 모아 백악관에 공식적으로 청원을 제출하는 것을 목적으로 한다. 문화재 제자리 찾기는 "5일부터 시작한 10만 명 서명에 성공할 경우 문정왕후 어보는 미군 약탈품이라는 것이 확인되기 때문에 백악관의 공식답변도 반환요구에 긍정적일 것으로 판단한다"고 말했다.

① 6군데   ② 4군데

③ 2군데   ④ 없음

✔해설 시민단체 문화재 제자리 찾기는 6일 오후 2시께 서울 종로구 한국불교역사**박물관**에서 출범식을 갖고 LA 주립박물관이 소장하고 있는 문정왕후의 어보를 되찾기 위한 백악관 청원운동 '응답하라 오바마' 프로젝트를 진행한다고 밝혔다. 문정왕후 어보는 왕실의 권위를 상징하는 도장으로, 한국전쟁 중 미군에 의해 도난당한 왕실 어보 47과 중 하나다. '응답하라 오바마' 프로젝트는 어보를 되찾기 위한 10만 명의 서명을 모아 백악관에 공식적으로 청원을 제출하는 것을 목적으로 한다. 문화재 제자리 찾기는 "5일부터 시작한 10만 명 서명에 성공할 경우 문정왕후 어보는 미군 약탈품이라는 것이 **확인**되기 때문에 백악관의 공식답변도 반환요구에 긍정적일 것으로 판단한다"고 말했다.

|7~8| 다음 제시된 글을 보고 물음에 답하시오.

선거에서 유권자의 정치적 선택을 설명하는 이론은 사회심리학 이론과 합리적 선택 이론으로 대별된다. 먼저 초기사회심리학 이론은 유권자 대부분이 일관된 이념 체계를 지니고 있지 않다고 보았다. 그럼에도 유권자들이 투표 선택에서 특정 정당에 대해 지속적인 지지를 보내는 현상은 그 정당에 대한 심리적 일체감 때문이라고 주장했다. 곧 사회화 과정에서 사회 구성원들이 혈연, 지연 등에 따른 사회 집단에 대해 지니게 되는 심리적 일체감처럼 유권자들도 특정 정당을 자신과 동일시하는 태도를 지니는데, 이에 따라 유권자들은 정당의 이념이 자신의 이해관계에 유리하게 작용할 것인지 합리적으로 따지기보다 정당 일체감에 따라 투표한다는 것이다.

---

7 위의 글에서 '심리'라는 단어는 몇 번 나오는가?

① 4번 　　　　　　　　　② 5번

③ 6번 　　　　　　　　　④ 7번

> **✔해설** 선거에서 유권자의 정치적 선택을 설명하는 이론은 사회**심리**학 이론과 합리적 선택 이론으로 대별된다. 먼저 초기사회**심리**학 이론은 유권자 대부분이 일관된 이념 체계를 지니고 있지 않다고 보았다. 그럼에도 유권자들이 투표 선택에서 특정 정당에 대해 지속적인 지지를 보내는 현상은 그 정당에 대한 **심리**적 일체감 때문이라고 주장했다. 곧 사회화 과정에서 사회 구성원들이 혈연, 지연 등에 따른 사회 집단에 대해 지니게 되는 **심리**적 일체감처럼 유권자들도 특정 정당을 자신과 동일시하는 태도를 지니는데, 이에 따라 유권자들은 정당의 이념이 자신의 이해관계에 유리하게 작용할 것인지 합리적으로 따지기보다 정당 일체감에 따라 투표한다는 것이다.

8 위의 글은 몇 문장으로 구성되어 있는가?

① 4문장 　　　　　　　　② 5문장

③ 6문장 　　　　　　　　④ 7문장

> **✔해설** 총 4문장으로 이루어져 있다.
> 첫 번째 문장 : 선거에 ~ 대별된다.
> 두 번째 분장 : 먼저 초기 ~ 보았다.
> 세 번째 문장 : 그럼에도 ~ 주장했다.
> 네 번쨈 문장 : 곧 사회화 과정에서 ~ 투표한다는 것이다.

Answer 6.③ 7.① 8.①

┃9~10┃ 다음 제시된 글을 보고 물음에 답하시오.

자본 구조가 기업의 가치와 무관하다는 명제로 표현되는 모딜리아니－밀러 이론은 완전 자본 시장 가정, 곧 자본 시장에 불완전성을 가져올 수 있는 모든 마찰 요인이 전혀 없다는 가정에 기초한 자본 구조 이론이다. 이 이론에 따르면, 기업의 영업 이익에 대한 법인세 등의 세금이 없고 거래 비용이 없으며 모든 기업이 완전히 동일한 정도로 위험에 처해 있다면, 기업의 가치는 기업 내부 여유 자금이나 주식 같은 자기 자본을 활용하든지 부채 같은 타인 자본을 활용하든지 간에 어떤 영향도 받지 않는다. 모딜리아니－밀러 이론은 현실적으로 타당한 이론을 제시했다기보다는 현대 자본 구조 이론의 출발점을 제시하였다는 데 중요한 의미가 있다

---

9 위 글에서 '자본'이라는 단어는 몇 번 나오는가?

① 5번

② 6번

③ 7번

④ 8번

> ✔ 해설 **자본** 구조가 기업의 가치와 무관하다는 명제로 표현되는 모딜리아니－밀러 이론은 완전 **자본** 시장 가정, 곧 **자본** 시장에 불완전성을 가져올 수 있는 모든 마찰 요인이 전혀 없다는 가정에 기초한 **자본** 구조 이론이다. 이 이론에 따르면, 기업의 영업 이익에 대한 법인세 등의 세금이 없고 거래 비용이 없으며 모든 기업이 완전히 동일한 정도로 위험에 처해 있다면, 기업의 가치는 기업 내부 여유 자금이나 주식 같은 자기 **자본**을 활용하든지 부채 같은 타인 **자본**을 활용하든지 간에 어떤 영향도 받지 않는다. 모딜리아니－밀러 이론은 현실적으로 타당한 이론을 제시했다기보다는 현대 **자본** 구조 이론의 출발점을 제시하였다는 데 중요한 의미가 있다

---

10 위의 글은 총 몇 문장으로 이루어져 있는가?

① 3문장

② 4문장

③ 5문장

④ 6문장

> ✔ 해설 총 3문장으로 이루어져 있다.
> 첫 번째 문장 : 자본 구조가 ~ 자본 구조 이론이다.
> 두 번째 문장 : 이 이론에 따르면, ~ 영향도 받지 않는다.
> 세 번째 문장 : 모딜리아니-일러 ~ 중요한 의미가 있다.

※ 다음 지문 안에 제시된 단어의 개수를 고르시오. 【11~13】

효성	일류	경영	연구	책임	재무	경영	경제	화학	효성
섬유	효성	건설	혁신	건설	연구	인재	채용	정보	윤리
최고	통신	건설	공시	무역	최고	건설	인재	채용	경쟁
경제	건설	책임	채용	투자	주식	화학	정보	윤리	화학
가치	일류	연구	효성	책임	섬유	윤리	효성	동반	공시
경쟁	주식	혁신	가치	기술	통신	투자	재무	정보	책임

11

효성

① 1개   ② 3개

③ 5개   ④ 7개

 해설

효성	일류	경영	연구	책임	재무	경영	경제	화학	**효성**
섬유	**효성**	건설	혁신	건설	연구	인재	채용	정보	윤리
최고	통신	건설	공시	무역	최고	건설	인재	채용	경쟁
경제	건설	책임	채용	투자	주식	화학	정보	윤리	화학
가치	일류	연구	**효성**	책임	섬유	윤리	**효성**	동반	공시
경쟁	주식	혁신	가치	기술	통신	투자	재무	정보	책임

12

책임

① 1개   ② 2개

③ 3개   ④ 4개

해설

효성	일류	경영	연구	**책임**	재무	경영	경제	화학	효성
섬유	효성	건설	혁신	건설	연구	인재	채용	정보	윤리
최고	통신	건설	공시	무역	최고	건설	인재	채용	경쟁
경제	건설	**책임**	채용	투자	주식	화학	정보	윤리	화학
가치	일류	연구	효성	**책임**	섬유	윤리	효성	동반	공시
경쟁	주식	혁신	가치	기술	통신	투자	재무	정보	**책임**

13

무역

① 1개   ② 2개

③ 3개   ④ 4개

✔ 해설

효성 일류 경영 연구 책임 재무 경영 경제 화학 효성
섬유 효성 건설 혁신 건설 연구 인재 채용 정보 윤리
최고 통신 건설 공시 **무역** 최고 건설 인재 채용 경쟁
경제 건설 책임 채용 투자 주식 화학 정보 윤리 화학
가치 일류 연구 효성 책임 섬유 윤리 효성 동반 공시
경쟁 주식 혁신 가치 기술 통신 투자 재무 정보 책임

▌14~15 ▌ 다음 제시된 숫자가 반복되는 개수를 고르시오.

25	24	23	26	29	28	24
20	22	24	28	25	26	23
20	21	28	29	29	25	26
27	26	24	23	22	21	27
21	21	20	20	22	25	28
27	28	29	20	21	24	28
25	20	28	24	26	28	27

14

29

① 1개   ② 2개

③ 3개   ④ 4개

✔ 해설

25 24 23 26 **29** 28 24
20 22 24 28 25 26 23
20 21 28 **29** **29** 25 26
27 26 24 23 22 21 27
21 21 20 20 22 25 28
27 28 **29** 20 21 24 28
25 20 28 24 26 28 27

15

21

① 1개　　　　　　　　　　② 3개

③ 5개　　　　　　　　　　④ 7개

> ✔ 해설
> 25　24　23　26　29　28　24
> 20　22　24　28　25　26　23
> 20　**21**　28　29　29　25　26
> 27　26　24　23　22　**21**　27
> **21**　**21**　20　20　22　25　28
> 27　28　29　20　**21**　24　28
> 25　20　28　24　26　28　27

▌다음 제시된 문자와 반복되는 개수를 고르시오.

반수	반공	방공	방송	반인	반상	방사
반음	발음	방음	반성	반승	반복	반정
반울	반정	반안	반악	방안	방수	방정
반공	반수	반성	반승	박수	방공	반숙
발수	반일	반음	반차	방관	반가	반옥
방공	반식	방식	반상	반지	방인	반우

16

박수

① 1개　　　　　　　　　　② 2개

③ 3개　　　　　　　　　　④ 4개

> ✔ 해설
> 반수　반공　방공　방송　반인　반상　방사
> 반음　발음　방음　반성　반승　반복　반정
> 반울　반정　반안　반악　방안　방수　방정
> 반공　반수　반성　반승　**박수**　방공　반숙
> 발수　반일　반음　반차　방관　반가　반옥
> 방공　반식　방식　반상　반지　방인　반우

Q	a	U	L
s	B	j	k
H	b	L	D
u	W	q	G
O	i	p	e
c	H	N	W
Q	d	A	p
h	G	b	G
A	e	M	q
f	P	u	C

17

	Q	r	k	

① 1개   ② 2개

③ 3개   ④ 4개

✔ 해설

Q	a	U	L
s	B	j	**k**
H	b	L	D
u	W	q	G
O	i	p	e
c	H	N	W
Q	d	A	p
h	G	b	G
A	e	M	q
f	P	u	C

18

	b W G	

① 1개　　　　　　　　　　　② 3개

③ 5개　　　　　　　　　　　④ 7개

✔해설

Q	a	U	L
s	B	j	k
H	**b**	L	D
u	**W**	q	**G**
O	i	p	e
c	H	N	**W**
Q	d	A	p
h	**G**	**b**	**G**
A	e	M	q
f	P	u	C

19

	L u p	

① 2개　　　　　　　　　　　② 4개

③ 6개　　　　　　　　　　　④ 8개

✔해설

Q	a	U	**L**
s	B	j	k
H	b	**L**	D
u	W	q	G
O	i	**p**	e
c	H	N	W
Q	d	A	**p**
h	G	b	G
A	e	M	q
f	P	**u**	C

| 20～22 | 다음에서 제시되지 않은 숫자를 고르시오.

45	17	9	78
52	4	87	32
64	16	132	98
14	58	42	9
51	40	3	51
42	6	17	22
846	26	2	7
27	2	14	8
65	13	5	10
41	75	48	105

20 ① 46   ② 27

　　③ 98   ④ 58

 해설

45	17	9	78
52	4	87	32
64	16	132	**98**
14	**58**	42	9
51	40	3	51
42	6	17	22
846	26	2	7
27	2	14	8
65	13	5	10
41	75	48	105

21 ① 13   ② 14

     ③ 15   ④ 16

✔ 해설

45	17	9	78
52	4	87	32
64	**16**	132	98
14	58	42	9
51	40	3	51
42	6	17	22
846	26	2	7
27	2	14	8
65	**13**	5	10
41	75	48	105

22 ① 51   ② 22

     ③ 78   ④ 76

✔ 해설

45	17	9	**78**
52	4	87	32
64	16	132	98
14	58	42	9
51	40	3	**51**
42	6	17	**22**
846	26	2	7
27	2	14	8
65	13	5	10
41	75	48	105

❙23～25❙ 다음에서 제시되지 않은 문자 또는 기호를 고르시오.

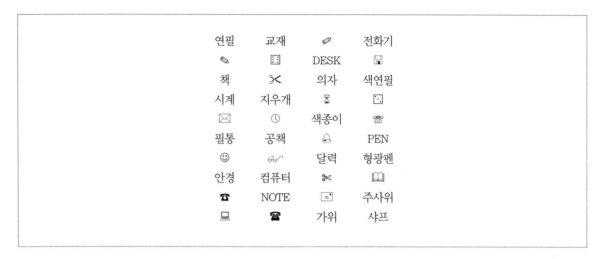

23 ① 안경   ② 노트

      ③ ☎   ④ ✄

✔ 해설

24 ① ⌷   ② ✎

③ 💾   ④ ⌁

✔ 해설

연필	교재	✎	전화기
✎	▤	DESK	💾
책	✂	의자	색연필
시계	지우개	⧗	⬚
✉	◷	색종이	☎
필통	공책	🔔	PEN
☺	〰	달력	형광펜
안경	컴퓨터	✂	📖
☎	NOTE	▣	주사위
💻	☎	가위	샤프

25 ① 연필   ② 전화

③ 색연필   ④ 형광펜

✔ 해설

연필	교재	✎	전화기
✎	▤	DESK	💾
책	✂	의자	**색연필**
시계	지우개	⧗	⬚
✉	◷	색종이	☎
필통	공책	🔔	PEN
☺	〰	달력	**형광펜**
안경	컴퓨터	✂	📖
☎	NOTE	▣	주사위
💻	☎	가위	샤프

Answer   23.②   24.④   25.②

괴물	과자	고기	고물	고장	고집	괴수	괴력	과로
꽈자	괴상	미루	곽상	과즙	거성	거소	겨를	겨우
미로	겨자	가장	거장	국자	미로	국수	미소	미루
라면	과집	고집	과집	곡상	과장	미류	미로	비록
숫자	미로	고징	과즙	괴상	비루	마루	이유	미류
비록	미소	과즙	미륵	과장	바로	바비	옥상	과즙
국수	비로	미로	과장	고집	미조	비로	과징	바로
국면	국장	비수	비주	옷장	미소	국수	미루	미르

26

고집

① 2개 ② 3개

③ 4개 ④ 5개

 해설

괴물	과자	고기	고물	고장	**고집**	괴수	괴력	과로
꽈자	괴상	미루	곽상	과즙	거성	거소	겨를	겨우
미로	겨자	가장	거장	국자	미로	국수	미소	미루
라면	과집	**고집**	과집	곡상	과장	미류	미로	비록
숫자	미로	고징	과즙	괴상	비루	마루	이유	미류
비록	미소	과즙	미륵	과장	바로	바비	옥상	과즙
국수	비로	미로	과장	**고집**	미조	비로	과징	바로
국면	국장	비수	비주	옷장	미소	국수	미루	미르

27

미로

① 2개　　　　　　　　　　　　　② 3개

③ 4개　　　　　　　　　　　　　④ 5개

✔ 해설

괴물	과자	고기	고물	고장	고집	괴수	괴력	과로
꽈자	괴상	미루	곽상	과즙	거성	거소	겨를	겨우
미로	겨자	가장	거장	국자	**미로**	국수	미소	미루
라면	과집	고집	과집	곡상	과장	미류	**미로**	비록
숫자	**미로**	고징	과즙	괴상	비루	마루	이유	미류
비록	미소	과즙	미륵	과장	바로	바비	옥상	과즙
국수	비로	**미로**	과장	고집	미조	비로	과징	바로
국면	국장	비수	비주	옷장	미소	국수	미루	미르

28

과즙

① 2개　　　　　　　　　　　　　② 3개

③ 4개　　　　　　　　　　　　　④ 5개

✔ 해설

괴물	과자	고기	고물	고장	고집	괴수	괴력	과로
꽈자	괴상	미루	곽상	**과즙**	거성	거소	겨를	겨우
미로	겨자	가장	거장	국자	미로	국수	미소	미루
라면	과집	고집	과집	곡상	과장	미류	미로	비록
숫자	미로	고징	**과즙**	괴상	비루	마루	이유	미류
비록	미소	**과즙**	미륵	과장	바로	바비	옥상	**과즙**
국수	비로	미로	과장	고집	미조	비로	과징	바로
국면	국장	비수	비주	옷장	미소	국수	미루	미르

┃29~32┃ 다음 지문 안에 제시된 단어의 개수를 고르시오.

효성	효상	효행	효망
효습	효녀	휴향	효감
호자	효망	효싱	효험
효유	효숩	효험	효녀
효검	효감	효섬	효득
호성	효친	효행	효양
호감	효둑	효심	효습
효양	효석	호포	호감
효성	호녀	효로	효상
효자	호두	효감	효후

29

효성

① 2개   ② 4개

③ 6개   ④ 8개

✔ 해설

효성	효상	효행	효망
효습	효녀	휴향	효감
호자	효망	효싱	효험
효유	효숩	효험	효녀
효검	효감	효섬	효득
호성	효친	효행	효양
호감	효둑	효심	효습
효양	효석	호포	호감
효성	호녀	효로	효상
효자	호두	효감	효후

30

효후

① 1개   ② 2개

③ 3개   ④ 4개

✔ 해설

효성	효상	효행	효망
효습	효녀	휴향	효감
호자	효망	효싱	효험
효유	효슙	효험	효녀
효검	효감	효섬	효득
호성	효친	효행	효양
호감	효둑	효심	효습
효양	효석	호포	호감
효성	호녀	효로	효상
효자	호두	효감	**효후**

31

효행   효녀

① 2개   ② 3개

③ 4개   ④ 5개

✔ 해설

효성	효상	**효행**	효망
효습	**효녀**	휴향	효감
호자	효망	효싱	효험
효유	효슙	효험	**효녀**
효검	효감	효섬	효득
호성	효친	**효행**	효양
호감	효둑	효심	효습
효양	효석	호포	호감
효성	호녀	효로	효상
효자	호두	효감	효후

32

효감   효습

① 1개   ② 3개

③ 5개   ④ 7개

✔ 해설

효성	효상	효행	효망
효습	효녀	휴향	**효감**
호자	효망	효싱	효험
효유	효습	효험	효녀
효검	**효감**	효섬	효득
호성	효친	효행	효양
호감	효둑	효심	**효습**
효양	효석	호포	호감
효성	호녀	효로	효상
효자	호두	**효감**	효후

┃33~36┃ 다음에서 제시되지 않은 단어 또는 기호를 고르시오.

팀깅	인사	⊟	사장
인턴	←	⊠	◆
이사	사원	⇧	차장
⬥	↵	신입	➡
⇪	회사	⬦	경력
과장	⬆	부장	⇩
▸	영업	⬌	◙
전략	주임	⫽	대리
↳	◈	회장	◧
기획	⤭	⇗	총무

33　① 영업　　　　　　　　② 기획

　　　③ 판매　　　　　　　　④ 총무

팀장	인사	⊟	사장
인턴	←	⬜	◆
이사	사원	⇧	차장
✛	↵	신입	➡
⇧	회사	◈	경력
과장	↑	부장	⇩
▶	**영업**	✛	▣
전략	주임	∥	대리
↳	◼	회장	◘
기획	✕	▷	**총무**

34　① ◼　　　　　　　　② ◈

　　　③ ◆　　　　　　　　④ ✛

팀장	인사	⊟	사장
인턴	←	⬜	**◆**
이사	사원	⇧	차장
✛	↵	신입	➡
⇧	회사	**◈**	경력
과장	↑	부장	⇩
▶	영업	✛	▣
전략	주임	∥	대리
↳	◼	회장	◘
기획	✕	▷	총무

35 ① 경력   ② ↗

③ 주임   ④ ⬆

✔ 해설

팀장	인사	⊟	사장
인턴	◀	⊠	◆
이사	사원	⇧	차장
✛	↵	신입	➡
⬆	회사	✧	**경력**
과장	↑	부장	⇩
▶	영업	⬌	▣
전략	**주임**	⫽	대리
↳	◈	회장	◧
기획	⤬	↘	총무

36 ① ◼   ② 차장

③ ⤬   ④ ➡

✔ 해설

팀장	인사	⊟	사장
인턴	◀	⊠	◆
이사	사원	⇧	**차장**
✛	↵	신입	**➡**
⬆	회사	✧	경력
과장	↑	부장	⇩
▶	영업	⬌	▣
전략	주임	⫽	대리
↳	◈	회장	◧
기획	**⤬**	↘	총무

|37~40| 다음 제시된 문자가 반복되는 개수를 고르시오.

모기	민지	너리	멀티	메리	매일	무림	먹이	머리
먼지	머리	미리	무림	먹이	머기	머로	무리	나리
매리	머루	내일	먹튀	모래	모기	먼지	머루	머리
맨뒤	노리	무리	메루	머지	먼뒤	메일	내림	메리
먹튀	모기	머루	나비	먼지	머리	머루	먹이	멀티
무림	먼뒤	미지	만두	매리	무리	메로	미리	무기
머리	나루	모래	멀티	민지	모리	먼기	미지	모기
메일	나림	무리	메로	민티	먼쥐	미리	메리	멀리

37

머리

① 2개   ② 3개

③ 4개   ④ 5개

✔ **해설**

모기	민지	너리	멀티	메리	매일	무림	먹이	**머리**
먼지	**머리**	미리	무림	먹이	머기	머로	무리	나리
매리	머루	내일	먹튀	모래	모기	먼지	머루	**머리**
맨뒤	노리	무리	메루	머지	먼뒤	메일	내림	메리
먹튀	모기	머루	나비	먼지	**머리**	머루	먹이	멀티
무림	먼뒤	미지	만두	매리	무리	메로	미리	무기
머리	나루	모래	멀티	민지	모리	먼기	미지	모기
메일	나림	무리	메로	민티	먼쥐	미리	메리	멀리

38

모래

① 2개   ② 3개

③ 4개   ④ 5개

 모기 민지 너리 멀티 메리 매일 무림 먹이 머리
먼지 머리 미리 무림 먹이 머기 머로 무리 나리
매리 머루 내일 먹튀 **모래** 모기 먼지 머루 머리
맨뒤 노리 무리 메루 머지 먼뒤 메일 내림 메리
먹튀 모기 머루 나비 먼지 머리 머루 먹이 멀티
무림 먼뒤 미지 만두 매리 무리 메로 미리 무기
머리 나루 **모래** 멀티 민지 모리 먼기 미지 모기
메일 나림 무리 메로 민티 먼쥐 미리 메리 멀리

39

미리

① 1개   ② 2개

③ 3개   ④ 4개

 모기 민지 너리 멀티 메리 매일 무림 먹이 머리
먼지 머리 **미리** 무림 먹이 머기 머로 무리 나리
매리 머루 내일 먹튀 모래 모기 먼지 머루 머리
맨뒤 노리 무리 메루 머지 먼뒤 메일 내림 메리
먹튀 모기 머루 나비 먼지 머리 머루 먹이 멀티
무림 먼뒤 미지 만두 매리 무리 메로 **미리** 무기
머리 나루 모래 멀티 민지 모리 먼기 미지 모기
메일 나림 무리 메로 민티 먼쥐 **미리** 메리 멀리

40

모기

① 2개   ② 3개

③ 4개   ④ 5개

✔ 해설

모기	민지	너리	멀티	메리	매일	무림	먹이	머리
먼지	머리	미리	무림	먹이	머기	머로	무리	나리
매리	머루	내일	먹튀	모래	**모기**	먼지	머루	머리
맨뒤	노리	무리	메루	머지	먼뒤	메일	내림	메리
먹튀	**모기**	머루	나비	먼지	머리	머루	먹이	멀티
무림	먼뒤	미지	만두	매리	무리	메로	미리	무기
머리	나루	모래	멀티	민지	모리	먼기	미지	**모기**
메일	나림	무리	메로	민티	먼쥐	미리	메리	멀리

▌41~45▌ 다음에서 제시되지 않은 알파벳을 고르시오.

```
H   C   K   S   K   L   V
S   T   E   V   X   S   O
L   V   E   C   P   Z   J
E   N   L   O   U   I   B
M   E   J   T   R   S   O
O   H   X   E   O   Q   C
H   C   V   B   J   A   P
```

41 ① A   ② U
       ③ I   ④ D

✔ 해설
```
H   C   K   S   K   L   V
S   T   E   V   X   S   O
L   V   E   C   P   Z   J
E   N   L   O   U   I   B
M   E   J   T   R   S   O
O   H   X   E   O   Q   C
H   C   V   B   J   A   P
```

42 ① Q   ② O
       ③ F   ④ C

✔ 해설
```
H   C   K   S   K   L   V
S   T   E   V   X   S   O
L   V   E   C   P   Z   J
E   N   L   O   U   I   B
M   E   J   T   R   S   O
O   H   X   E   O   Q   C
H   C   V   B   J   A   P
```

43 ① K   ② W
    ③ L   ④ P

✔ 해설

H	C	**K**	S	**K**	**L**	V
S	T	E	V	X	S	O
L	V	E	C	**P**	Z	J
E	N	**L**	O	U	I	B
M	E	J	T	R	S	O
O	H	X	E	O	Q	C
H	C	V	B	J	A	**P**

44 ① Y   ② M
    ③ N   ④ T

✔ 해설

H	C	K	S	K	L	V
S	**T**	E	V	X	S	O
L	V	E	C	P	Z	J
E	**N**	L	O	U	I	B
M	E	J	**T**	R	S	O
O	H	X	E	O	Q	C
H	C	V	B	J	A	P

45 ① H   ② G
    ③ S   ④ E

✔ 해설

H	C	K	**S**	K	L	V
S	T	**E**	V	X	**S**	O
L	V	**E**	C	P	Z	J
E	N	L	O	U	I	B
M	**E**	J	T	R	**S**	O
O	**H**	X	**E**	O	Q	C
H	C	V	B	J	A	P

| 다음에서 제시되지 않은 문자를 고르시오.

ㄅ	ㄆ	ㄇ	ㄈ	ㄉ	ㄊ	ㄋ
ㄇ	ㄖ	ㄏ	ㄜ	ㄩ	ㄜ	ㄌ
ㄔ	ㄙ	ㄜ	ㄊ	ㄋ	ㄏ	ㄍ
ㄊ	ㄨ	ㄞ	ㄗ	ㄨ	ㄧ	ㄇ
ㄋ	ㄚ	ㄌ	ㄖ	ㄕ	ㄔ	ㄏ
ㄏ	ㄛ	ㄜ	ㄙ	ㄋ	ㄓ	ㄟ
ㄏ	ㄜ	ㄝ	ㄧ	ㄇ	ㄒ	ㄞ

46 ① ㄒ ② ㄇ
③ ㄜ ④ ㄠ

✔ 해설

ㄅ	ㄆ	**ㄇ**	ㄈ	ㄉ	ㄊ	ㄋ
ㄇ	ㄖ	ㄏ	**ㄜ**	ㄩ	**ㄜ**	ㄌ
ㄔ	ㄙ	**ㄜ**	ㄊ	ㄋ	ㄏ	ㄍ
ㄊ	ㄨ	ㄞ	ㄗ	ㄨ	ㄧ	ㄇ
ㄋ	ㄚ	ㄌ	ㄖ	ㄕ	ㄔ	ㄏ
ㄏ	ㄛ	**ㄜ**	ㄙ	ㄋ	ㄓ	ㄟ
ㄏ	**ㄜ**	ㄝ	ㄧ	**ㄇ**	**ㄒ**	ㄞ

47 ① ㄖ ② 一
③ ㄨ ④ ㄞ

✔ 해설

ㄅ	ㄆ	ㄇ	ㄈ	ㄉ	ㄊ	ㄋ
ㄇ	**ㄖ**	ㄏ	ㄜ	ㄩ	ㄜ	ㄌ
ㄔ	ㄙ	ㄜ	ㄊ	ㄋ	ㄏ	ㄍ
ㄊ	ㄨ	**ㄞ**	ㄗ	ㄨ	**一**	ㄇ
ㄋ	ㄚ	ㄌ	**ㄖ**	ㄕ	ㄔ	ㄏ
ㄏ	ㄛ	ㄜ	ㄙ	ㄋ	ㄓ	ㄟ
ㄏ	ㄜ	ㄝ	**一**	ㄇ	ㄒ	**ㄞ**

48　① ㄋ　　　　　　　　　② ㄅ
　　　③ 世　　　　　　　　　④ 兀

✔ 해설

ㄅ	ㄆ	ㄇ	ㄉ	ㄊ	**ㄋ**
ㄇ	ㄈ	ㄏ	ㄍ	ㄜ	ㄌ
ㄎ	ㄙ	ㄜ	ㄎ	ㄍ	ㄏ
ㄈ	ㄗ	ㄞ	ㄐ	ㄍ	ㄎ
ㄔ	ㄙ	ㄛ	ㄑ	ㄧ	ㄔ
兀	ㄨ	ㄞ	ㄒ	ㄕ	ㄞ
ㄋ	ㄚ	ㄌ	ㄒ	ㄖ	**ㄋ**
ㄏ	ㄛ	ㄜ	ㄙ	ㄇ	
ㄏ	ㄜ	**世**	ㄧ	ㄇ	ㄒ

49　① ㄘ　　　　　　　　　② ㄏ
　　　③ ㄚ　　　　　　　　　④ ㄅ

✔ 해설

ㄅ	ㄆ	ㄇ	ㄉ	ㄊ	ㄋ
ㄎ	ㄈ	**ㄏ**	ㄍ	ㄜ	ㄌ
ㄔ	ㄙ	ㄜ	ㄎ	ㄍ	**ㄏ**
兀	ㄨ	ㄞ	ㄐ	ㄕ	ㄞ
ㄋ	**ㄚ**	ㄌ	ㄒ	ㄖ	
ㄏ	ㄜ	世	ㄙ	ㄇ	
ㄏ	ㄜ		ㄧ	ㄇ	

50　① 尢　　　　　　　　　② 巜
　　　③ ㄟ　　　　　　　　　④ ㄩ

✔ 해설

ㄅ	ㄆ	ㄇ	ㄉ	ㄊ	ㄋ
ㄎ	ㄈ	ㄏ	ㄜ	ㄜ	ㄌ
ㄔ	ㄙ	ㄜ	**ㄩ**	ㄍ	**巜**
兀	ㄨ	ㄞ	ㄐ	ㄕ	ㄎ
ㄋ	ㄚ	ㄌ	ㄒ	ㄖ	**ㄟ**
ㄏ	ㄜ	世	ㄙ	ㄇ	ㄞ
ㄏ	ㄜ		ㄧ	ㄇ	

CHAPTER 02

언어유추력

[출제목적] 단어의 상관관계를 파악하는 능력을 측정하는 영역

[출제유형] • 동의어와 반의어를 찾는 유형
• 비례식을 제시하고 단어의 상관관계를 파악하여 완성하는 유형
• 제시된 단어의 쌍과 동일한 관계에 있는 단어의 쌍을 찾는 유형
• 성격이나 범주가 다른 단어를 고르는 유형
• 제시된 단어를 통해 연상되는 것을 고르는 유형

┃1~20┃ 단어의 상관관계를 파악하여 (　　) 안에 알맞은 단어를 넣으시오.

1

시계 : 분침 = 태양계 : (　　)

① 우주선 　　　　　　　　　② 지구
③ 장미꽃 　　　　　　　　　④ 외계인

✔해설 분침은 시계의 일부로, 시계에 포함된다. 지구는 태양계의 일부로 태양계에 속해있다.

2

가을 : 잠자리 = 여름 : (　　)

① 나비 　　　　　　　　　　② 매미
③ 뱀 　　　　　　　　　　　④ 귀뚜라미

✔해설 잠자리는 가을에 자주 볼 수 있는 대표적인 곤충이다. 여름에 자주 볼 수 있는 대표적인 곤충으로 매미가 있다.

3

만화 : 순정 = 영화 : (　　)

① 영화관   ② 배트맨

③ 공포   ④ 영화표

> ✔해설 순정은 만화의 한 장르이며, 만화의 장르는 순정, 명랑, 무협 등이 있다. 영화 장르로는 공포, 액션, 코믹, 멜로 등이 있다.

4

간삭(間朔) : 간월(間月) = 극월(極月) : (　　)

① 객월(客月)   ② 국월(菊月)

③ 춘월(春月)   ④ 납월(臘月)

> ✔해설 간삭과 간월은 한 달씩 거른다는 뜻을 가진 동의어 관계이다. 극월(極月)은 '섣달'을 달리 이르는 말로, 납월과 동의어이다.

5

약속 : 이행 = 계획 : (　　)

① 목표   ② 기획

③ 실천   ④ 계산

> ✔해설 약속은 이행해야 하고 계획은 실천해야 한다.

Answer   1.②   2.②   3.③   4.④   5.③

6

공방전 : 엽전 = 국순전 : (   )

① 술   ② 이규보

③ 고려   ④ 가전체문학

✅**해설** 가전체문학은 사물을 의인화하여 전기적 형식으로 기록한 문학작품으로 계세징인(戒世懲人)을 목적으로 한다. 제시된 「공방전」은 임춘이 '엽전'을 의인화하여 재물을 탐하지 말 것을 주장한 글이며, 「국순전」은 이규보의 대표적인 작품으로 '술'을 의인화하여 군자의 처신을 경계하였다.

7

밀집(密集) : 산재(散在) = (   ) : 공명(共鳴)

① 동감   ② 확정

③ 반박   ④ 협소

✅**해설** 밀집과 산재는 반의어 관계이므로 공명과 반의관계인 반박이 와야한다.
ⓐ 밀집(密集) : 빈틈없이 빽빽하게 모임 ↔ 산재(散在) : 여기저기 흩어져있음
ⓑ 공명(共鳴) : 남의 사상이나 감정에 공감하여 그에 따르려고 함 ↔ 반박(反駁) : 어떤 의견, 주장, 논설 따위에 반대하여 말함.

8

그린벨트 : 녹지 = 블루벨트 : (   )

① 어장(漁場)   ② 농지(農地)

③ 유전(油田)   ④ 영해(領海)

✅**해설** 그린벨트는 녹지를 보호하기 위한 경계선이며, 블루벨트는 어장을 보호하기 위한 경계선이다.

9

> 이순신 : 한산섬 달 밝은 밤에 = 이방원 : (   )

① 이 몸이 죽고 죽어
② 이런들 어떠하며 저런들 어떠하리
③ 이화에 월백하고 은한이 삼경인 제
④ 가노라 삼각산아 다시 보자 한강수야

✔해설 위에 제시된 관계는 우리나라 역사적 인물과 그 인물이 지은 시조의 초장을 짝지은 것이다.
②는 이방원이 지은 하여가의 초장이다.

10

> 40세 : (   ) = 50세 : 지천명

① 지학   ② 이립
③ 불혹   ④ 이순

✔해설 ㉠ 지학 : 15세 공자가 학문에 뜻을 두었다고 한데서 유래한 말
㉡ 이립 : 30세 공자가 인생관이 섰다고 한데서 유래한 말
㉢ 불혹 : 40세 공자가 사물의 이치에 의문이 없다고 한데서 유래한 말
㉣ 지천명 : 50세 공자가 하늘의 뜻을 알았다는 데서 유래한 말
㉤ 아순 : 60세 공자가 모든 일을 순리대로 이해했다는 데서 유래한 말

11

> 월광소나타 : 클래식 = (   ) : 뮤지컬

① 판소리   ② 베토벤
③ 심청가   ④ 캣츠

✔해설 월광소나타는 베토벤이 작곡한 대표적인 클래식으로 뮤지컬의 대표적인 작품 중 하나인 캣츠가 답이 된다.

Answer 6.① 7.③ 8.① 9.② 10.③ 11.④

12

진화론 : 다윈 = 경험론 : (　　)

① 루소   ② 아리스토텔레스
③ 베이컨   ④ 칸트

✔해설 진화론을 주장한 사람은 다윈, 경험론을 주장한 사람은 베이컨이다.

13

가랑비 : 옷 = (　　) : 댓돌

① 정화수   ② 심층수
③ 낙숫물   ④ 도랑물

✔해설 ㉠ 가랑비에 옷 젖는 줄 모른다 : 사소한 것이라도 그것이 거듭되면 무시하지 못할 정도로 커진다.
㉡ 낙숫물에 댓돌을 뚫는다 : 작은 힘이라도 꾸준히 계속하면 큰일을 이룰 수 있다.

14

교수 : 강의 = 재판관 : (　　)

① 노래   ② 선고
③ 검사   ④ 공부

✔해설 직업에 따라 하는 일을 연결한 것이다. 교수는 강의를 하고 재판관은 선고를 한다.

15

빵 : 식량 = 비둘기 : ( )

① 조류   ② 전쟁
③ 갈매기   ④ 평화

✔해설 빵과 식량은 원관념과 보조관념의 관계를 나타낸다. 즉 비둘기가 상징하는 바인 평화가 보조관념이 된다.

16

( ) : 포스터 = 치료 : 주사

① 중단   ② 홍보
③ 병원   ④ 표어

✔해설 주사는 치료를 하기 위한 수단의 일종으로, 어떤 목적을 달성하기 위한 수단으로 포스터를 사용하는 것이라고 유추 할 수 있다. 따라서 포스터의 용도는 홍보의 목적이므로 정답은 홍보가 된다.

17

( ) : 능소니 = 닭 : 병아리

① 표범   ② 말
③ 곰   ④ 호랑이

✔해설 동물의 새끼를 가리키는 우리말을 찾는 문제로 능소니는 곰의 새끼를 이르는 말이다.

18

전염병 : (　　) = 소문 : 파다하다

① 전염되다　　　　　　　　　　② 예방하다

③ 제거되다　　　　　　　　　　④ 만연하다

✔️해설 '파다하다'는 소문 따위가 널리 퍼져 있다는 의미이며, '만연하다'는 전염병이나 나쁜 현상이 널리 퍼지다의 의미이다.

19

대나무 : 정절(貞節) = (　　) : 억압(抑壓)

① 고랑　　　　　　　　　　　② 둔덕

③ 물둑　　　　　　　　　　　④ 비탈

✔️해설 대나무는 정절을 상징, 고랑은 쇠고랑과 같은 말로 억압을 상징한다.
　　　※ 사군자
　　　　㉠ 매화 : 선비를 상징하며 정절과 충성심을 의미
　　　　㉡ 국화 : 현세를 외면하고 홀로 고고하게 살아가는 군자를 상징
　　　　㉢ 대나무 : 속이 비었지만 아주 강한 나무이기에 선비의 기상과 정절을 상징
　　　　㉣ 난 : 모습 자체가 단아한 자태로 여인을 상징하며 동시에 정절과 고결한 마음, 인내를 상징

20

한국 : 태권도 = 태국 : (　　)

① 펜싱　　　　　　　　　　　② 쿵푸

③ 유도　　　　　　　　　　　④ 무에타이

✔️해설 위에 제시된 관계는 각 나라와 그 나라를 기원으로 하는 스포츠를 짝지은 것이다. 태권도는 한국에서 기원하였고 무에타이는 태국에서 기원하였다.

21~40 단어의 상관관계를 파악하여 (㉠), (㉡)안에 알맞은 단어를 넣으시오.

21

(㉠) : 영국 = 엔화 : (㉡)

① ㉠ : 파운드 ㉡ : 일본   ② ㉠ : 파운드 ㉡ : 중국

③ ㉠ : 유로화 ㉡ : 일본   ④ ㉠ : 유로화 ㉡ : 중국

✔ 해설 파운드는 영국의 화폐 단위이고 엔화는 일본의 화폐 단위이다.

22

봄 : (㉠) = (㉡) : 동지

① ㉠ : 경칩 ㉡ : 가을   ② ㉠ : 경칩 ㉡ : 겨울

③ ㉠ : 처서 ㉡ : 가을   ④ ㉠ : 처서 ㉡ : 겨울

✔ 해설 절기
㉠ 봄 : 입춘(立春), 우수(雨水), 경칩(驚蟄), 춘분(春分), 청명(淸明), 곡우(穀雨)
㉡ 여름 : 입하(立夏), 소만(小滿), 망종(芒種), 하지(夏至), 소서(小暑), 대서(大暑)
㉢ 가을 : 입추(立秋), 처서(處暑), 백로(白露), 추분(秋分), 한로(寒露), 상강(霜降)
㉣ 겨울 : 입동(立冬), 소설(小雪), 대설(大雪), 동지(冬至), 소한(小寒), 대한(大寒)

23

가람 : (㉠) = (㉡) : 뫼

① ㉠ : 바람 ㉡ : 산   ② ㉠ : 바람 ㉡ : 바다

③ ㉠ : 강   ㉡ : 산   ④ ㉠ : 강   ㉡ : 바다

✔ 해설 '가람'은 강의 고어이고 '뫼'는 산의 고어이다.

Answer 18.④ 19.① 20.④ 21.① 22.② 23.③

24

윤동주 : (㉠) = (㉡) : 오감도

① ㉠ : 서시   ㉡ : 이상　　　　　② ㉠ : 광야   ㉡ : 이상

③ ㉠ : 서시   ㉡ : 이육사　　　　④ ㉠ : 광야   ㉡ : 이육사

✔해설 시인과 그 시인의 대표적인 시의 관계이다.

25

(㉠) : 고등어 = 쾌 : (㉡)

① ㉠ : 손   ㉡ : 계란　　　　　② ㉠ : 손   ㉡ : 북어

③ ㉠ : 두릅   ㉡ : 계란　　　　④ ㉠ : 두릅   ㉡ : 북어

✔해설 대상과 그 대상을 세는 단위이다.

26

국자감 : (㉠) = (㉡) : 조선

① ㉠ : 고려   ㉡ : 주자감　　　　② ㉠ : 통일신라   ㉡ : 주자감

③ ㉠ : 고려   ㉡ : 성균관　　　　④ ㉠ : 통일신라   ㉡ : 성균관

✔해설 국자감은 국가에서 필요한 인재를 양성하기 위한 고려시대의 국립교육기관이고, 성균관은 고려 말부터 조선시대까지 최고의 국립교육기관이다.

27

죄와 벌 : (㉠) = 생텍쥐페리 : (㉡)

① ㉠ : 톨스토이   ㉡ : 어린왕자　　② ㉠ : 도스토예프스키   ㉡ : 어린왕자

③ ㉠ : 톨스토이   ㉡ : 호두까기인형　④ ㉠ : 도스토예프스키   ㉡ : 호두까기 인형

✔해설 작가와 그 작가의 대표적인 동화작품의 관계이다.

28

자격루 : (㉠) = (㉡) : 모래

① ㉠ : 물   ㉡ : 측우기　　② ㉠ : 물   ㉡ : 모래시계

③ ㉠ : 해   ㉡ : 측우기　　④ ㉠ : 해   ㉡ : 모래시계

✔해설 자격루는 물을 이용해서 시간을 측정하고, 모래시계는 모래를 이용하여 시간을 측정한다.

29

(㉠) : 임진왜란 = 박씨부인전 : (㉡)

① ㉠ : 한중록   ㉡ : 병자호란　　② ㉠ : 징비록   ㉡ : 병인양요

③ ㉠ : 한중록   ㉡ : 병인양요　　④ ㉠ : 징비록   ㉡ : 병자호란

✔해설 '징비록'은 임진왜란을 배경으로 삼은 작품이고, '박씨부인전'은 병자호란을 겪고 난 후 지어진 작품이다.

Answer　24.①　25.④　26.③　27.②　28.②　29.④

30

바리스타 : (㉠) = (㉡) : 와인	

① ㉠ : 빵 ㉡ : 쇼콜라티에   ② ㉠ : 커피 ㉡ : 쇼콜라티에

③ ㉠ : 빵 ㉡ : 소믈리에   ④ ㉠ : 커피 ㉡ : 소믈리에

> ✔해설 음식과 그 음식의 전문가와의 관계로 바리스타는 커피전문가를, 소믈리에는 와인전문가를 뜻한다.

31

맥주 : (㉠) = (㉡) : 쌀	

① ㉠ : 보리 ㉡ : 와인   ② ㉠ : 포도 ㉡ : 와인

③ ㉠ : 보리 ㉡ : 막걸리   ④ ㉠ : 포도 ㉡ : 막걸리

> ✔해설 주어진 자료는 원재료와 원재료로 만든 음식의 관계로 막걸리의 원재료는 쌀이고, 보리를 원재료로 만든 술은 맥주이다.

32

(㉠) : 이슬람교 = 성경 : (㉡)	

① ㉠ : 불경 ㉡ : 기독교   ② ㉠ : 코란 ㉡ : 기독교

③ ㉠ : 불경 ㉡ : 불교   ④ ㉠ : 코란 ㉡ : 불교

> ✔해설 종교를 대표하는 경전과 그 종교의 관계이다.

33

> 만유인력 : (㉠) = (㉡) : 전류

① ㉠ : 질량 ㉡ : 자기력　　　　② ㉠ : 질량 ㉡ : 전기력

③ ㉠ : 전하 ㉡ : 자기력　　　　④ ㉠ : 전하 ㉡ : 전기력

✔해설 만유인력은 질량과 전류는 자기력과 관련이 있다.

34

> (㉠) : 낭만파 = 베토벤 : (㉡)

① ㉠ : 쇼팽 ㉡ : 고전파　　　　② ㉠ : 쇼팽 ㉡ : 국민악파

③ ㉠ : 바흐 ㉡ : 고전파　　　　④ ㉠ : 바흐 ㉡ : 국민악파

✔해설 쇼팽은 낭만파의 대표적 음악가이며, 베토벤은 고전파의 대표적 음악가이다.

35

> 일본 : (㉠) = (㉡) : 아오자이

① ㉠ : 기모노 ㉡ : 베트남　　　　② ㉠ : 기모노 ㉡ : 중국

③ ㉠ : 치파오 ㉡ : 베트남　　　　④ ㉠ : 치파오 ㉡ : 중국

✔해설 국가와 그 국가의 전통의상의 명칭이다.

36

> 부채 : (㉠) = (㉡) : 다리미

① ㉠ : 선풍기   ㉡ : 인두   ② ㉠ : 난로   ㉡ : 인두

③ ㉠ : 선풍기   ㉡ : 바늘   ④ ㉠ : 난로   ㉡ : 바늘

✔해설 그 쓰임이 유사한 것끼리 묶은 관계이다.

37

> (㉠) : 피사의 사탑 = 프랑스 : (㉡)

① ㉠ : 영국   ㉡ : 에펠탑   ② ㉠ : 이탈리아   ㉡ : 에펠탑

③ ㉠ : 영국   ㉡ : 앙코르와트   ④ ㉠ : 이탈리아   ㉡ : 앙코르와트

✔해설 각 나라와 대표적인 건축물을 나타낸 것으로 피사의 사탑은 이탈리아의 대표적 건축물이며 프랑스 건축물은 에펠탑이다. 앙코르와트는 캄보디아의 대표적 유적이다.

38

> (㉠) : 샛바람 = 서풍 : (㉡)

① ㉠ : 동풍   ㉡ : 하늬바람   ② ㉠ : 남풍   ㉡ : 하늬바람

③ ㉠ : 동풍   ㉡ : 마파람   ④ ㉠ : 남풍   ㉡ : 마파람

✔해설 바람의 순 우리말
㉠ 동풍 : 샛바람
㉡ 서풍 : 하늬바람
㉢ 남풍 : 마파람
㉣ 북풍 : 된바람, 높바람

39

> 문경지교(刎頸之交) = (㉠) = (㉡)

① ㉠ : 반포지효(反哺之孝)　㉡ : 혼정신성(昏定晨省)
② ㉠ : 구밀복검(口蜜腹劍)　㉡ : 면종복배(面從腹背)
③ ㉠ : 막역지우(莫逆之友)　㉡ : 간담상조(肝膽相照)
④ ㉠ : 장삼이사(張三李四)　㉡ : 갑남을녀(甲男乙女)

✔해설　③ 문경지교(刎頸之交) : 막역한 친구사이(= 막역지우, 간담상조, 금란지계)
　　　① 반포지효(反哺之孝) : 부모님께 효도함(= 혼정신성)
　　　② 구밀복검(口蜜腹劍) : 겉으로는 친한 척하지만 속으로는 칼을 품고 있음(= 면종복배)
　　　④ 장삼이사(張三李四) : 평범한 사람(= 갑남을녀)

40

> 금성 = (㉠) = (㉡)

① ㉠ : 꼬리별　㉡ : 은하수
② ㉠ : 별똥별　㉡ : 붙박이별
③ ㉠ : 샛별　　㉡ : 개밥바라기
④ ㉠ : 미리내　㉡ : 여우별

✔해설　샛별, 개밥바라기 … 저녁 무렵에 서쪽 하늘에 보이는 금성을 뜻한다.

▌41~50 ▌ 다음 중 단어의 관계가 다른 것을 고르시오.

41 ① 행주대첩　　　　　　　　② 귀주대첩
　　③ 한산대첩　　　　　　　　④ 진주대첩

　　　✔해설　귀주대첩은 고려시대에 거란의 침략을 물리친 것이고, 나머지 보기는 왜적의 침입과 관련된 것이다.

42 ① 정선　　　　　　　　　　② 신윤복
　　③ 황희　　　　　　　　　　④ 이중섭

　　　✔해설　③은 유학자이며 나머지 보기들은 화가이다.

43 ① 架空(가공) : 實際(실제)　　　② 間接(간접) : 直接(직접)
　　③ 減少(감소) : 減速(감속)　　　④ 開放(개방) : 閉鎖(폐쇄)

　　　✔해설　減少(감소)의 반의어는 增加(증가)이다.
　　　　　　①②④ 반의어 관계

44 ① 장미 : 식물　　　　　　　② 사마귀 : 곤충
　　③ 인천 : 도시　　　　　　　④ 소금 : 시장

　　　✔해설　④ 다른 보기들은 왼쪽의 단어가 오른쪽 단어의 범위에 포함되는 관계이다.

45 ① 밥 : 쌀　　　　　　　　　② 연필 : 나무
　　③ 고속도로 : 길　　　　　　④ 두부 : 콩

　　　✔해설　③ 다른 보기들은 오른쪽의 단어가 왼쪽단어의 원료 또는 재료가 되는 관계이다.

46 ① 지진 : 붕괴   ② 세제 : 빨래

③ 카메라 : 촬영   ④ 빗자루 : 청소

> ✔ 해설 ① 다른 보기들은 왼쪽의 단어로 오른쪽 단어의 활동을 할 수 있는 관계이다.

47 ① 빵 : 식량   ② 백합 : 순결

③ 나무 : 종이   ④ 하트 : 사랑

> ✔ 해설 ③ 나무와 종이는 종이가 만들어지기 위해 나무가 필요한 도구관계이다.
> ①②④ 원관념과 보조관념의 관계, 즉 상징법을 나타내고 있다.

48 ① 밀 : 빵   ② 종이 : 책

③ 석유 : 자동차   ④ 쌀 : 밥

> ✔ 해설 ③ 석유는 자동차의 동력원이다.
> ①②④ 원료와 제품과의 관계를 나타낸다.

49 ① 앨범 : 사진   ② 연필 : 필통

③ 책 : 책꽂이   ④ 칼 : 칼집

> ✔ 해설 ① 오른쪽 단어인 사진은 왼쪽 단어인 앨범에 꽂을 수 있는 관계이다.
> ②③④ 왼쪽을 오른쪽에 넣을 수 있는 관계이다.

50 ① 박지원 : 열하일기   ② 박제가 : 북학의

③ 이익 : 성호사설   ④ 홍대용 : 지전설

> ✔ 해설 위인 : 저서의 관계이다.
> ④ 지전설은 홍대용이 주장한 과학론이다.

Answer   41.②   42.③   43.③   44.④   45.③   46.①   47.③   48.③   49.①   50.④

CHAPTER 03

언어추리력

[출제목적] 논리적 사고 능력을 측정하고자 하는 영역

[출제유형] • 명제와 조건, 논리적 추론 등에 대한 문제유형
　　　　　• 주어진 조건을 보고 결론을 추론하는 유형
　　　　　• 주어진 조건을 바탕으로 할 때 항상 참인 명제를 고르는 유형
　　　　　• 주어진 조건을 바탕으로 알 수 있는 것을 고르는 유형

┃1~3┃ 다음에 제시된 사실들이 모두 참일 때, 이를 통해 얻을 수 있는 결론의 참, 거짓, 알 수 없음을 판단하시오.

1

〈사실〉
• X는 변호사 아니면 아나운서이다.
• 모든 아나운서는 파란 넥타이를 착용한다.
• X는 붉은 넥타이를 착용했다.

〈결론〉
X는 변호사이다.

① 참　　　　　　　　　　　　② 거짓　　　　　　　　　　　　③ 알 수 없음

✔ 해설　청X는 변호사 아니면 아나운서 둘 중 하나인데, 모든 아나운서는 파란넥타이를 착용하고 X는 붉은 넥타이를 착용했다. 따라서 아나운서가 아니기 때문에 X는 변호사이다. 따라서 결론은 참이다.

2

〈사실〉
• 어떤 회사의 사원 평가 결과 모든 사원이 최우수, 우수, 보통 중 한 등급으로 분류되었다.
• 최우수에 속한 사원은 모두 45세 이상이었다.
• 35세 이상의 사원은 우수에 속하거나 자녀를 두고 있지 않았다.
• 우수에 속한 사원은 아무도 이직경력이 없다.
• 보통에 속한 사원은 모두 대출을 받고 있으며, 무주택자인 사원 중에는 대출을 받고 있는 사람이 없다.
• 이 회사의 직원 A는 자녀가 있으며 이직경력이 있는 사원이다.

〈결론〉
A는 35세 미만이고 주택을 소유하고 있다.

① 참   ② 거짓   ③ 알 수 없음

✔해설 마지막 단서에서부터 시작해서 추론하면 된다.
직원A는 자녀가 있으며 이직경력이 있는 사원이다. 따라서 이직경력이 있기 때문에 ㉣에 의해 A는 우수에 속한 사원이 아니다. 또 자녀가 있으며 우수에 속하지 않았기 때문에 ㉢에 의해 35세 미만인 것을 알 수 있다. 35세 미만이기 때문에 ㉡에 의해 최우수에 속하지도 않고, 이 결과 A는 보통에 해당함을 알 수 있다. ㉤에 의해 대출을 받고 있으며, 무주택 사원이 아님을 알 수 있다. 따라서 A는 35세 미만이고 주택을 소유하고 있다는 결론은 참이다.

3

〈사실〉
• 세 극장 A, B와 C는 직선도로를 따라 서로 이웃하고 있다.
• A, B, C 극장의 건물 색깔이 회색, 파란색, 주황색이다.
• B극장은 A극장의 왼쪽에 있다.
• C극장의 건물은 회색이다.
• 주황색 건물은 오른쪽 끝에 있는 극장의 것이다.

〈결론〉
C는 맨 왼쪽에 위치하는 극장이다.

① 참   ② 거짓   ③ 알 수 없음

✔해설 제시된 명제에 따라 극장과 건물 색깔을 배열하면 C(회색), B(파란색), A(주황색)가 된다. 따라서 C는 맨 왼쪽에 위치하는 극장이라는 결론은 참이 된다.

Answer 1.① 2.① 3.①

4 다음은 한비자가 안정된 통치를 하기 위해 필요한 범죄 예방책을 제시하고 있는 글이다. 이 글에서 한비자가 주장하는 범죄 예방책을 정당화하기 위해 요구되는 가장 결정적인 전제는 무엇인가?

> 가벼운 죄에 중벌을 주면 경미한 범죄는 생기지 않게 되니 중한 범죄는 생겨날 수 없을 것이다. 이것이 안정되게 통치를 하는 방법이다. 형벌을 줄 때 중죄를 중하게, 가벼운 죄를 가볍게 다스리면 가벼운 죄가 그치지 않으니 중죄를 그치게 할 수 없다. 이것은 혼란을 일으키는 통치인 것이다. 따라서 가벼운 죄에 무거운 형벌을 내리면 범죄가 없어지고 일이 성사될 것이며 국력이 강해진다. 중죄에 중벌을 그리고 가벼운 죄에 가벼운 벌을 주면 형벌을 주어야 할 사건이 계속 터지게 되어 국력이 약화될 것이다.

① 인간의 본성은 악하다.
② 국가의 안정과 혼란은 통치자의 능력에 달려있다.
③ 중죄는 경미한 범죄에서 생긴다.
④ 경미한 죄는 무겁게 처벌해야 한다.

> ✔해설 이 글에서 한비자는 가벼운 죄에 무거운 형벌을 내려야 범죄가 없어지고 일이 성사될 것이며 국력이 강해진다고 주장하고 있다. 이러한 범죄 예방책이 정당화되기 위해서는 '중죄는 경미한 범죄에서 생긴다'는 전제가 요구된다.

5 다음 주장을 성립시키는 전제는?

> 미현이는 틀림없이 축구선수야. 축구복을 입고 있잖아.

① 축구선수는 모두 축구복을 입고 있다.
② 축구선수는 축구복을 입어야 한다.
③ 축구선수는 축구복 말고 다른 옷은 안 입는다.
④ 축구선수만이 축구복을 입는다.

> ✔해설 (축구선수만이 축구복을 입는다.)
> 미현이는 축구복을 입고 있다.
> 미현이는 틀림없이 축구선수이다.

6 재석, 명수, 하하는 형자, 로라, 광순이와 결혼을 했는데, 반드시 이름 순서대로는 아니다. 형자의 오빠인 재석이는 다섯 명의 자녀를 갖고 있다. 가정주부인 로라는 7년 더 있다가 아이를 갖고자 한다. 명수는 재석이의 여동생과 결혼했다. 하하의 아내는 누구인가?

① 형자   ② 로라

③ 광순   ④ 알 수 없음

> **✔해설** 재석이는 형자의 오빠이므로 로라나 광순이와 결혼했는데, 로라는 아이가 없는 반면 재석이는 아이가 다섯이라고 했으므로 재석이는 광순이와 결혼한 것이 된다. 또, 재석의 여동생이 형자이므로 명수는 형자와 결혼한 것이 된다. 따라서, 하하는 로라와 결혼했다.

7 경화는 프랑스어와 독일어를 알고, 고은이는 스웨덴어와 러시아어를 알며, 하나는 스페인어와 프랑스어를 알고, 정윤이는 독일어와 스웨덴어를 안다. 만약 프랑스어가 독일어보다 쉽고, 러시아어는 스웨덴어보다 어렵고, 독일어는 스웨덴어보다 쉽고, 스페인어는 프랑스어보다 쉽다면, 누가 가장 어려운 언어를 알고 있다고 할 수 있겠는가?

① 경화   ② 고은

③ 하나   ④ 정윤

> **✔해설** 진술된 내용을 정리하면 '러시아어 → 스웨덴어 → 독일어 → 프랑스어 → 스페인어'의 순서로 쉬운 것을 알 수 있다.

8 다음 중 알맞은 것을 고르면?

> 민호와 수현이가 가위바위보를 하는데 이긴 사람은 2칸 위로, 진 사람은 1칸 내려가기로 했다. 모두 15번 을 한 결과, 민호가 수현이보다 세 계단 아래에 있게 되었다면 민호는 몇 번을 이겼을까?

① 3번   ② 5번

③ 7번   ④ 10번

> **✔해설** 한 번의 승부 때마다 누가 이기던 간에 두 사람 사이에는 세 계단의 차이가 생기게 된다. 그러므로 민 호가 최종적으로 세 계단 아래에 있으려면 상대방보다 한 번 져야 하므로 각각 이긴 횟수는 민호 7회, 수현 8회이다.

Answer 4.③ 5.④ 6.② 7.② 8.③

9 다음 중 알맞은 것을 고르면?

> 인천국제공항에서 파리의 샤를드골공항까지 가는데 12시간이 걸린다. 수지가 3월 25일 오전 10시에 인천에서 출발한 비행기를 탔다면 파리에 도착한 시간은 현지시각으로 몇 시인가? (파리는 서울보다 8시간 느리다)

① 3월 25일 오후 2시   ② 3월 25일 오후 10시

③ 3월 26일 오전 6시   ④ 3월 26일 오후 10시

> ✔해설 서울 시각으로 3월 25일 오전 10시에 출발한 수지가 파리에 도착하기까지 12시간이 걸리므로 파리 도착시간은 서울 시각을 기준으로 3월 25일 오후 10시가 된다. 서울과 파리는 8시간의 시차가 나므로 8시간을 빼 3월 25일 오후 2시가 파리 현지 시간이 된다.

10 다음 제시된 전제에 따라 결론을 바르게 추론한 것은?

> 네 사람이 4층짜리 빌라에 살고 있다(단, 한 층에 한 명씩 살고 있다).
> • 존은 미나보다 두 층 위에 산다.
> • 레이첼은 미나보다 한 층 아래에 산다.
> • 그러므로 _____

① 레이첼은 존보다 두 층 아래에 산다.

② 마이클은 미나보다 한 층 위에 산다.

③ 존은 마이클보다 두 층 위에 산다.

④ 레이첼은 마이클보다 한 층 아래에 산다.

> ✔해설 존이 미나보다 두 층 위에 산다 했으므로 존은 3층 혹은 4층에 산다는 것을 알 수 있다. 그리고 레이첼이 미나보다 한 층 아래에 산다 하였으므로 미나는 2층 이상 살고 있다는 것을 알 수 있다. 그러나 미나가 3층 이상 살 경우 존이 살고 있는 층수가 5층 이상이 되므로 미나는 2층, 존은 3층에 산다는 것을 알 수 있다. 따라서 위 조건은 통틀어 층수를 정리하면 아래와 같다.
> 1층 : 레이첼, 2층 : 미나, 3층 : 마이클, 4층 : 존

11~14 다음의 말이 전부 참일 때 항상 참인 것을 고르시오.

11

- 민수는 A기업에 다닌다.
- 영어를 잘하면 업무능력이 뛰어난 것이다.
- 영어를 잘하지 못하면 A기업에 다니지 않는다.

① 민수는 업무능력이 뛰어나다.
② A기업에 다니는 사람들은 업무능력이 뛰어나지 못하다.
③ 민수는 영어를 잘하지 못한다.
④ 업무능력이 뛰어난 사람은 A기업에 다니는 사람이 아니다.

✔ 해설 민수 = A, A기업사람 = B, 영어를 잘함 = C, 업무능력 뛰어남 = D라 하고, 영어를 잘하지 못함 = ~C, A기업 사람이 아님 = ~B라 한다. 주어진 조건에서 A→B, C→D, ~C→~B인데 ~C→~B는 B→C 이므로(대우) 전체적인 논리를 연결시키면 A→B→C→D가 되어 A→D의 결론이 나올 수 있다.

12

- 이씨는 김씨보다 앞에 있다.
- 최씨는 김씨보다 뒤에 있다.
- 박씨는 최씨 바로 앞에 있다.
- 홍씨는 제일 뒤에 있다.
- 박씨 앞에는 두 명이 있다.

① 이씨와 박씨는 같이 있다.
② 최씨는 이씨보다 뒤에 있다.
③ 이씨는 홍씨 바로 앞에 있다.
④ 박씨 뒤에는 김씨와 최씨가 있다.

✔ 해설 제시된 조건 중 첫 번째와 두 번째는 변수가 생길 수 있는 것이나, 세 번째와 네 번째 조건을 통해 확실한 위치를 추론할 수 있다.

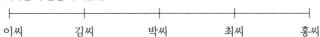

이씨   김씨   박씨   최씨   홍씨

13

> • 파란상자는 노란상자에 들어간다.
> • 녹색상자는 분홍상자에 들어간다.
> • 주황상자는 노란상자에 들어간다.
> • 파란상자와 분홍상자의 크기가 같다.

① 주황상자는 파란상자에 들어간다.

② 분홍상자는 주황상자에 들어간다.

③ 노란상자는 분홍상자에 들어가지 않는다.

④ 녹색상자는 파란상자에 들어가지 않는다.

✔**해설** 파란상자와 분홍상자는 크기가 같으므로 파란상자보다 더 큰 노란상자는 분홍상자에 들어가지 않는다.

14

> • 모든 낙서는 시이다.
> • 모든 시는 문학이다.
> • 모든 문학은 언어이다.
> • 모든 언어는 위대하다.

① 낙서 중에 시가 아닌 것도 있다.

② 모든 시는 위대하다.

③ 모든 언어는 문학이다.

④ 모든 문학은 낙서이다.

✔**해설** 낙서 ⊂ 시 ⊂ 문학 ⊂ 언어 ⊂ 위대하다의 포함관계가 되므로 ②가 옳다.

15 A, B, C, D, E가 마라톤을 한다. 다음 조건에 따르면 1등은 누구인가?

> • B의 등번호를 본 사람이 2명이다.
> • C 뒤에는 1명이 달리고 있다.
> • A 앞에는 적어도 3명 이상이 있다.

① E

② B

③ A

④ C

✔**해설** B의 뒤에 2명이 있으므로 B는 3등이고 C는 4등이다. A 앞에 적어도 3명 이상이라고 했으므로 A는 꼴등이다. 1등은 E와 D 둘 중 하나인데 보기에 E만 제시되어 있으므로 답은 ①이다.

16 다음의 내용이 모두 참일 때, 결론이 타당하기 위해서 추가로 필요한 진술은?

> ㉠ 자동차는 1번 도로를 지나왔다면 이 자동차는 A마을에서 왔거나 B마을에서 왔다.
> ㉡ 자동차가 A마을에서 왔다면 자동차 밑바닥에 흙탕물이 튀었을 것이다.
> ㉢ 자동차가 A마을에서 왔다면 자동차의 모습을 담은 폐쇄회로 카메라가 적어도 하나가 있을 것이다.
> ㉣ 자동차가 B마을에서 왔다면 도로 정체를 만났을 것이고 적어도 한 곳의 검문소를 통과했을 것이다.
> ㉤ 자동차가 도로정체를 만났다면 자동차의 모습을 닮은 폐쇄회로 카메라가 적어도 하나가 있을 것이다.
> ㉥ 자동차가 적어도 검문소 한 곳을 통과했다면 자동차 밑바닥에 흙탕물이 튀었을 것이다.
> 따라서 자동차는 1번 도로를 지나오지 않았다.

① 자동차 밑바닥에 흙탕물이 튀었을 것이다.

② 자동차는 도로 정체를 만나지 않았을 것이다.

③ 자동차는 적어도 검문소 한 곳을 통과했을 것이다.

④ 자동차 모습을 담은 폐쇄회로 카메라는 하나도 없을 것이다.

✔**해설** 결론이 '자동차는 1번 도로를 지나오지 않았다.'이므로 결론을 중심으로 연결고리를 이어가면 된다.
자동차가 1번 도로를 지나오지 않았다면 ㉠에 의해 이 자동차는 A, B마을에서 오지 않았다. 흙탕물이 자동차 밑바닥에 튀지 않고 자동차를 담은 폐쇄회로 카메라가 없다면 A마을에서 오지 않았을 것이다. 도로정체가 없고 검문소를 통과하지 않았다면 B마을에서 오지 않았을 것이다. 폐쇄회로 카메라가 없다면 도로정체를 만나지 않았을 것이다. 자동차 밑바닥에 흙탕물이 튀지 않았다면 검문소를 통과하지 않았을 것이다.
따라서 자동차가 1번 도로를 지나오지 않았다는 결론을 얻기 위해서는 폐쇄회로 카메라가 없거나 흙탕물이 튀지 않았다는 전제가 필요하다.

Answer 13.③ 14.② 15.① 16.④

17 다음 배열에 이어지는 3개의 철자는?

> B A A C E E D I I E M M F _ _ _

① G G N

② H H N

③ O O G

④ Q Q G

> ✔️**해설** BCDEF가 세 글자 단위로 이어졌으므로 3개의 철자 중 마지막은 G가 됨을 알 수 있다.
> 나머지 철자는 A→E→I→M 순으로 4개씩 증가했으므로 Q가 온다.

18 갑, 을, 병, 정의 네 나라에 대한 다음의 조건으로부터 추론할 수 있는 것은?

> ㉠ 이들 나라는 시대 순으로 연이어 존재했다.
> ㉡ 네 나라의 수도는 각각 달랐는데 관주, 금주, 평주, 한주 중 어느 하나였다.
> ㉢ 한주가 수도인 나라는 평주가 수도인 나라의 바로 전 시기에 있었다.
> ㉣ 금주가 수도인 나라는 관주가 수도인 나라의 바로 다음 시기에 있었으나, 정보다는 이전 시기에 있었다.
> ㉤ 병은 가장 먼저 있었던 나라는 아니지만, 갑보다는 이전 시기에 있었다.
> ㉥ 병과 정은 시대 순으로 볼 때 연이어 존재하지 않았다.

① 금주는 갑의 수도이다.

② 관주는 병의 수도이다.

③ 평주는 정의 수도이다.

④ 을은 갑의 다음 시기에 존재하였다.

> ✔️**해설** ㉢㉣에 의해 관주 – 금주 – 한주 – 평주 순서임을 알 수 있다. 그리고 ㉣㉤㉥에 의해 을 – 병 – 갑 –
> 정의 순서임을 알 수 있다.

19 다음을 읽고 추리한 것으로 옳은 것은?

> ㉠ 어떤 회사의 사원 평가 결과 모든 사원이 최우수, 우수, 보통 중 한 등급으로 분류되었다.
> ㉡ 최우수에 속한 사원은 모두 45세 이상이었다.
> ㉢ 35세 이상의 사원은 '우수'에 속하거나 자녀를 두고 있지 않았다.
> ㉣ 우수에 속한 사원은 아무도 이직경력이 없다.
> ㉤ 보통에 속한 사원은 모두 대출을 받고 있으며, 무주택자인 사원 중에는 대출을 받고 있는 사람이 없다.
> ㉥ 이 회사의 직원 A는 자녀가 있으며 이직경력이 있는 사원이다.

① A는 35세 미만이고 무주택자이다.
② A는 35세 이상이고 무주택자이다.
③ A는 35세 미만이고 주택을 소유하고 있다.
④ A는 45세 미만이고 무주택자이다.

> ✔해설 마지막 단서에서부터 시작해서 추론하면 된다.
> 직원 A는 자녀가 있으며 이직경력이 있는 사원이다. 따라서 이직경력이 있기 때문에 ㉣에 의해 A는 우수에 속한 사원이 아니다. 또 자녀가 있으며 우수에 속하지 않았기 때문에 ㉢에 의해 35세 미만인 것을 알 수 있다. 35세 미만이기 때문에 ㉡에 의해 최우수에 속하지도 않고, 이 결과 A는 보통에 해당함을 알 수 있다. ㉤에 의해 대출을 받고 있으며, 무주택 사원이 아님을 알 수 있다.
> ∴ A는 35세 미만이고 주택을 소유하고 있다.

20 4명의 사원을 세계의 각 도시로 출장을 보내려고 한다. 도쿄에 가는 사람은 누구인가?

> • 甲은 뉴욕과 파리를 선호한다.
> • 乙은 도쿄와 파리를 싫어한다.
> • 乙과 丁은 함께 가야한다.
> • 丙과 丁은 뉴욕과 도쿄를 선호한다.
> • 丙은 甲과 같은 도시에는 가지 않을 생각이다.

① 甲   ② 乙
③ 丙   ④ 丁

> ✔해설 丙은 뉴욕과 도쿄를 선호하는데 甲과 같은 도시에는 가지 않을 생각이므로 뉴욕은 갈 수 없고 丙 아니면 丁이 도쿄에 가는데 乙이 丁과 함께 가야하므로 丁이 도쿄에 갈 수 없다. 따라서 丙이 도쿄에 간다.

Answer 17.④ 18.③ 19.③ 20.③

| 21~22 | 세 상품 A, B, C에 대한 선호도 조사를 했다. 조사에 응한 사람은 가장 좋아하는 상품부터 1~3 순위를 부여했다. 두 상품에 같은 순위를 표시할 수는 없다. 조사의 결과가 다음과 같을 때 물음에 답하시오.

- 조사에 응한 사람은 20명이다.
- A를 B보다 선호한 사람은 11명이다.
- B를 C보다 선호한 사람은 14명이다.
- C를 A보다 선호한 사람은 6명이다.

21 C에 1순위를 부여한 사람은 없다고 할 때, C 상품에 3순위를 부여한 사람의 수는?

① 8　　　　　　　　　　　　　　② 7

③ 6　　　　　　　　　　　　　　④ 5

✔해설 C에 1순위를 부여한 경우를 제외하고 A, B, C를 1~3순위로 배열할 수 있는 경우의 수(A, B, C를 1~3 순위로 배열할 수 있는 경우의 수는 6가지인데, C에 1순위를 부여한 사람은 없다고 하였으므로 4가지가 된다)

　㉠ A→B→C = 5명
　㉡ A→C→B = 6명
　㉢ B→A→C = 3명
　㉣ B→C→A = 6명
따라서 C에 3순위를 부여한 사람의 수는 8명이다.

22 A를 1순위에 부여한 사람은 5명이고 A를 3순위에 부여한 사람은 없다고 할 때, A, C, B 순서로 배열한 사람은 몇 명인가?

① 5　　　　　　　　　　　　　　② 3

③ 1　　　　　　　　　　　　　　④ 0

✔해설 A→B→C 또는 A→C→B이 5명이고 위의 지문에 따라 C→A→B는 6명이므로 B→A→C 는 9명이 된다. 그런데 B를 C보다 선호한 사람이 14명이므로 A, C, B 순서로 배열한 사람은 없다.

23 함께 여가를 보내려는 A, B, C, D, E 다섯 사람의 자리를 원형탁자에 배정하려고 한다. 다음 글을 보고 옳은 것을 고르면?

- A 옆에는 반드시 C가 앉아야 된다.
- D의 맞은편에는 A가 앉아야 된다.
- 여가시간을 보내는 방법은 책읽기, 수영, 영화 관람이다.
- C와 E는 취미생활을 둘이서 같이 해야 한다.
- B와 C는 취미가 같다.

① A의 오른편에는 B가 앉아야 한다.
② B가 책읽기를 좋아한다면 E도 여가 시간을 책읽기로 보낸다.
③ B는 E의 옆에 앉아야 한다.
④ A와 D 사이에 C가 앉아있다.

> ✔해설 ② B와 C가 취미가 같고, C는 E와 취미생활을 둘이서 같이 하므로 B가 책읽기를 좋아한다면 E도 여가 시간을 책읽기로 보낸다.

24 6권의 책을 책장에 크기가 큰 것부터 차례대로 책을 배열하려고 한다. 책의 크기가 동일할 때 알파벳 순서대로 책을 넣는다면 다음 조건에 맞는 진술은 어느 것인가?

- Demian은 책장의 책들 중 두 번째로 큰 하드커버 북이다.
- One Piece와 Death Note의 책 크기는 같다.
- Bleach는 가장 작은 포켓북이다.
- Death Note는 Slam Dunk보다 작다.
- The Moon and Sixpence는 One Piece보다 크다.

① Demian은 Bleach 다음 순서에 온다.
② 책의 크기는 Slam Dunk가 The Moon and Sixpence 보다 크다.
③ One Piece는 Bleach의 바로 앞에 온다.
④ Slam Dunk 다음 순서로 Demian이 온다.

> **✔ 해설** ① Bleach는 가장 작은 포켓북이므로 마지막 순서에 온다.
> ② Slam Dunk와 The Moon and Sixpence 둘 중 어떤 책이 더 큰지는 알 수 없다.
> ④ Demian이 더 큰지 Slam Dunk가 더 큰지 알 수 없다.

25 A회사의 건물에는 1층에서 4층 사이에 5개의 부서가 있다. 다음 조건에 일치하는 것은?

- 영업부와 기획부는 복사기를 같이 쓴다.
- 3층에는 경리부가 있다.
- 인사부는 홍보부의 바로 아래층에 있다.
- 홍보부는 영업부의 아래쪽에 있으며 2층의 복사기를 쓰고 있다.
- 경리부는 위층의 복사기를 쓰고 있다.

① 영업부는 기획부와 같은 층에 있다.
② 경리부는 4층의 복사기를 쓰고 있다.
③ 인사부는 2층의 복사기를 쓰고 있다.
④ 기획부는 4층에 있다.

① 복사기를 같이 쓴다고 해서 같은 층에 있는 것은 아니다. 영업부가 경리부처럼 위층의 복사기를 쓸 수도 있다.

③ 인사부가 2층의 복사기를 쓰고 있다고 해서 인사부의 위치가 2층인지는 알 수 없다.

④ 제시된 조건으로 기획부의 위치는 알 수 없다.

26 어느 대학에 이 교수, 정 교수, 박 교수, 김 교수가 있다. 아래 조건에 따라 올바르게 추론한 것은?

> • 이 교수가 강의를 하면 정 교수 또는 박 교수가 강의를 하지만, 이 교수가 휴강하면 김 교수는 강의를 한다.
> • 김 교수가 휴강하면 박 교수도 휴강한다.
> • 김 교수가 휴강했다.

① 이 교수만 강의한다.

② 정 교수만 강의한다.

③ 이 교수와 정 교수 두 사람 모두 강의한다.

④ 이 교수와 정 교수 중 적어도 한 사람은 강의한다.

위의 조건을 표로 만들면 다음과 같다.

강의	이 교수	정 교수	박 교수	김 교수
	강의	강의	휴강	휴강
	휴강			강의

이 교수가 강의한다면 정 교수도 강의하지만 이 교수가 휴강했을 경우 정 교수가 강의하는지에 대한 여부는 알 수 없다.

27 다음 대화로부터 추론한 진술에서 참인 것을 모두 고르면?

> 은행 직원 : 대출 서류들은 이제 다 준비되었겠죠? 그런데 보증인은 그새 어디 가셨나요?
>
> 고객 : 담배 피우러 나갔나 봐요. 골초거든요. 제가 그렇게 잔소리해도 담배를 안 끊어요. 곧 들어올 거예요. 그런데 돈 빌리는 것은 문제없겠죠?
>
> 은행 직원 : 글쎄…. 요즈음 본부의 서류 심사가 엄격해져서 그렇다, 아니다 말씀을 이 자리에서….
>
> 고객 : 한창 대학입시 준비 중인 막내 때문에 들어가는 돈은 많고, 바깥양반이 가져다주는 월급은 쥐꼬리만도 못하고, 그렇다고 시집 간 딸한테 손을 벌릴 수도 없는 노릇이고, 장사라도 하려니 가게 빌릴 돈은 없고…. 과장님, 어떻게 잘 좀 봐 주세요. 네?

> ㉠ 고객은 기혼녀이다.
> ㉡ 보증인은 고객의 남편이다.
> ㉢ 고객의 막내는 고3이다.
> ㉣ 고객의 대출상담은 이번이 처음은 아니다.

① ㉠㉡㉢㉣   ② ㉠㉡㉣

③ ㉠㉢㉣   ④ ㉠㉣

> ✔해설 고객이 바깥양반이라는 언어를 사용한 것으로 보아 고객은 기혼녀이고, 보증인이 남편인지는 알 수 없으며 대학입시 준비 중이라고 함은 재수생도 포함하므로 고객의 막내가 고3일 것이라고 확정할 수 없다. 또한 은행직원의 '대출서류들은 이제 다 준비되었겠죠?'라는 말을 통해 처음에는 대출서류가 미비한 채로 고객이 대출상담을 받았다는 것을 알 수 있다. 따라서 고객의 대출상담은 이번이 처음이 아니다.

28 서쪽을 향해 있는 상태에서 오른쪽으로 90도 돌고, 뒤로 돈 다음, 다시 오른쪽으로 90도 돌면 어느 방향을 향하게 되는가?

① 동   ② 서

③ 남   ④ 북

> ✔해설 ㉠ 오른쪽으로 90도 돌았을 때 : 북쪽
> ㉡ 뒤로 돌았을 때 : 남쪽
> ㉢ 오른쪽으로 90도 돌았을 때 : 서쪽

29 다음 조건이 참일 때, 반드시 참인 것을 모두 고르면?

〈조건〉

- 모든 A는 B다.
- 모든 B는 C이다.
- 어떤 D는 B다.
- 어떠한 E도 B가 아니다.

ⓣ 모든 A는 C다.
ⓛ 어떤 C는 B다.
ⓔ 어떤 A는 D다.
ⓡ 어떠한 C도 E가 아니다.

---

① ㉠   ② ㉠㉡

③ ㉠㉡㉢   ④ ㉠㉡㉢㉣

> ✔해설 모든 조건이 참이라면 A→B→C와 E↛B가 성립한다. 따라서 모든 A는 C이고, 조건의 역인 C↛B가 성립하여 어떤 C는 B이다.

30 다음과 같은 조건일 때 'ko ja'가 뜻하는 것은?

---

feg ko 작은 돌
pa ko mai 오래된 작은 집
mai ja 노인

---

① 작은 사람   ② 젊은이

③ 오래된 집   ④ 오래된 돌

> ✔해설 '작은 돌'과 '오래된 작은 집'에 공통으로 쓰인 어휘는 'ko'이고 공통으로 쓰인 의미도 '작은'이다. 따라서 'ko'는 '작은'을 의미하며, 노인은 늙은 사람을 의미하므로 'ja'는 사람을 의미한다. 따라서 정답은 ①이다.

▌31~32 ▌ 10개의 강의동은 구름다리를 통해 다음과 같은 방식으로 연결되어 있다. 동과 동 사이의 이동은 구름다리를 통해서만 가능하다.

- 1동은 2동과 3동에 연결된다.
- 2동은 3동과 4동에 연결된다.
- 4동은 3동, 5동, 6동에 연결된다.
- 6동은 3동, 7동, 8동에 연결된다.
- 7동은 8동에 연결된다.
- 8동은 5동과 9동에 연결된다.
- 9동은 5동과 10동에 연결된다.

31 1동에서 출발하여 홀수로 표기된 동과 짝수로 표기된 동을 교대로 지나가려고 한다. 가능한 한 많은 수의 건물들을 통과하되, 한 번 통과한 동은 다시 지나가면 안 된다. 지나갈 수 있는 건물의 수는? (단, 1동도 개수에 포함시킨다)

① 6   ② 7

③ 8   ④ 9

✔️ **해설** ③ 1동, 2동, 3동, 4동, 5동, 8동, 9동, 10동의 경로가 설정되므로 지나갈 수 있는 건물의 수는 8개이다.

32 5동과 9동 사이의 구름다리가 폐쇄되었다고 해보자. 9동에서 출발하여 2동까지 가는데 지나가야 할 최소한의 건물 수는? (단, 9동과 2동도 개수에 포함시킨다)

① 4   ② 5

③ 6   ④ 7

✔️ **해설** ③ 2동까지 가려면 9동, 8동, 6동, 3동, 2동 또는 9동, 8동, 5동, 4동, 2동의 경우로 5개의 건물을 거쳐야 한다.

33 A는 B보다 걸음이 빠르지 않으며, C는 A보다 걸음이 느리고, D는 C와 걷는 속도가 똑같다면, 다음 중 옳은 것은?

① C는 B보다 걸음이 느리지 않다. ② B는 D보다 걸음이 빠르다.
③ D는 A보다 걸음이 느리지 않다. ④ 걸음이 제일 빠른 사람은 B가 아니다.

> ✔해설 ① C는 B보다 걸음이 느리다.
> ③ D는 A보다 걸음이 느리다.
> ④ 걸음이 제일 빠른 사람은 B이다.
>   D = C→A→B

34 민수, 영민, 민희 세 사람은 제주도로 여행을 가려고 한다. 제주도까지 가는 방법에는 고속버스→ 배→ 지역버스, 자가용→ 배, 비행기의 세 가지 방법이 있을 때 민수는 고속버스를 타기 싫어하고 영민이는 자가용 타는 것을 싫어한다면 이 세 사람이 선택할 것으로 생각되는 가장 좋은 방법은?

① 고속버스, 배 ② 자가용, 배
③ 비행기 ④ 지역버스, 배

> ✔해설 민수는 고속버스를 싫어하고, 영민이는 자가용을 싫어하므로 비행기로 가는 방법을 선택하면 된다.

35 다음 문장으로부터 추론될 수 있는 것은?

모든 A는 흰색이고 시끄러우며, 어떤 B는 검은색이고 작다.

① 어떤 A는 조용하다. ② 어떤 A는 흰색이다.
③ 모든 B는 검은색이다. ④ 모든 A는 작다.

> ✔해설 모든 A의 특성은 두 가지이다. 흰색과 시끄러움인데, 어떤 A는 모든 A에 포함되므로 어떤 A가 흰색임은 모든 A의 흰색이라는 문장에 포함되므로 ②가 정답이다.

36 영철이의 강아지 비비는 흰색 또는 검정색 또는 노란색 중 하나이다. 다음 정보 중 적어도 하나는 옳고 하나는 틀리다. 비비의 색깔은?

> • 정보 1 : 비비는 검정색이 아니다.
> • 정보 2 : 비비는 흰색이거나 노란색이다.
> • 정보 3 : 비비는 흰색이다.

① 흰색   ② 검정색

③ 노란색   ④ 알 수 없다.

✔ 해설   3가지 정보 중 한 가지는 거짓인 정보이므로 주어진 정보 하나하나를 거짓이라고 가정한 후 유추할 필요가 있다. 예컨대 '정보 1'이 거짓이라면 비비는 검정색이 되며 이렇게 될 경우 '정보 2', '정보 3'도 거짓이 되게 된다. 이러한 과정을 거쳐보면 '정보 3'이 거짓 정보이고 비비는 검정색이 아니며 또한 흰색도 아니게 된다. 따라서 노란색 강아지라고 할 수 있다.

37 다음 전제에 띠리 바르게 결론을 도출하면?

> • 개는 말보다 크다.
> • 말은 소보다 크다.
> • 소는 오리보다 작다.
> • 따라서 개는 _____.

① 오리보다 크다.   ② 오리보다 작다.

③ 소보다 작다.   ④ 소보다 크다.

✔ 해설   주어진 조건에 의하면 개 > 말 > 소, 오리 > 소로 정렬할 수 있다.
①② 개가 오리보다 큰지 작은지는 알 수 없다.

38 다음을 읽고 보기에서 바르게 서술된 것을 고르면?

> 서원이는 어제 강아지를 한 마리 구입했는데 이는 서원이가 구매한 10번째 동물이다. 어제 산 강아지는 서원이가 키우는 다른 강아지들보다 작다. 서원이는 새를 구매한 적은 없다.

① 서원이는 10마리의 동물을 키운다.
② 서원이는 두 마리 이상의 강아지를 키운다.
③ 어제 구매한 강아지는 서원이의 다른 강아지들보다 어리다.
④ 서원이는 새를 싫어한다.

> ✔해설 ② '어제 산 강아지가 서원이가 키우는 다른 강아지들보다…'라는 문장을 통해 서원이가 두 마리 이상의 강아지를 키우는 것을 알 수 있다.
> ① 어제 구매한 강아지가 10번째 동물이긴 하지만 현재 서원이가 10마리의 동물을 키우는지는 알 수 없다.
> ③ 다른 강아지들보다 작지만 나이가 어린지는 알 수 없다.
> ④ 새를 구매한 적이 없지만 새를 싫어하는지는 알 수 없다.

39 다음 사실로부터 추론할 수 있는 것은?

> • 수지는 음악 감상을 좋아한다.
> • 수지는 수학과 과학을 싫어한다.
> • 수지는 국사를 좋아한다.
> • 오디오는 거실에 있다.

① 수지는 공부를 하고 있다.
② 수지는 거실에 있는 것을 즐긴다.
③ 수지는 좋아하는 과목이 적어도 하나는 있다.
④ 수지는 과학보다는 수학을 좋아한다.

> ✔해설 ① 수지가 공부를 하고 있는지는 알 수 없다.
> ② 오디오가 거실에 있고 음악 감상을 좋아하는 것뿐이지 수지가 거실에 있는 것을 즐긴다는 것을 알 수 없다.
> ③ 수지는 국사를 좋아하므로 '좋아하는 과목이 적어도 하나는 있다'가 정답이다.
> ④ 수지는 수학과 과학을 싫어한다.

Answer 36.③ 37.④ 38.② 39.③

40 다음 지문에서 논리적으로 추론되는 것은?

> • 인생은 예술보다 짧다.
> • 하루살이는 인생보다 짧다.
> • 그러므로 _____.

① 예술은 인생보다 길지 않다.

② 하루살이는 예술보다 짧다.

③ 인생이 가장 짧다.

④ 하루살이가 가장 길다.

> ✔해설 삼단논법은 미리 알려진 두 판단에서 그것들과는 다른 하나의 새로운 판단으로 이끄는 추리 방법으로 긴 순
> 서대로 예술 > 인생 > 하루살이이므로 '하루살이는 예술보다 짧다'를 도출할 수 있다.

41 다음은 자동차 외판원인 A, B, C, D, E, F 여섯 명의 판매실적 비교에 대한 설명이다. 이로부터 올바르게
추리한 것은?

> • A는 B에게 실적에서 앞섰다.
> • C는 D에게 실적에서 뒤졌다.
> • E는 F에게 실적에서 뒤졌지만 A에게는 실적에서 앞섰다.
> • B는 D에게 실적에서 앞섰지만 E에게는 실적에서 뒤졌다.

① 실적이 가장 좋은 외판원은 F이다.

② 외판원 C의 실적은 꼴찌가 아니다.

③ B의 실적보다 안 좋은 외판원은 3명이다.

④ 외판원 E가 실적이 제일 좋다.

> ✔해설 제시된 조건을 통해 유추해보면, A > B, D > C이다.
> 또한 F > E > A, E > B > D임을 알 수 있다.
> 모두 추려보면 F > E > A > B > D > C가 된다.
> ② 외판원 C의 실적은 꼴찌이다.
> ③ B의 실적보다 안 좋은 외판원은 2명이다.
> ④ 외판원 E의 실적은 2등이다.

42 도난 사건의 용의자 A, B, C, D의 다음 진술 중 하나만 참일 때 범인은? (단, 용의자 중 단 한 명만 범인이다)

> • A : D가 범인이다.
> • B : C는 범인이 아니다.
> • C : A의 말은 참이다.
> • D : B가 범인이다.

① A

② B

③ C

④ D

✔해설 ㉠ A의 말이 참이라고 가정할 때, C의 가정과 모순된다.
㉡ B의 말이 참이라고 할 때, B, C, D가 제외되므로 범인은 A이다.
㉢ C가 참이라고 가정할 경우 진술 중 하나만 참이라는 가정에 모순된다.
㉣ D가 참이라고 할 때 C가 진술 중 하나만 참이라는 가정에 모순된다.

┃43~45┃ A, B, C, D, E, F의 각 부서가 6층짜리 건물에 아래의 조건에 따라 배치 받는다고 할 때 물음에 답하시오(단, 한 층에는 한 부서만이 배치된다).

> • A는 5층에 배치된다.
> • A, B, C는 같은 층 간격을 갖는다(5, 3, 1층 또는 5, 4, 3층).
> • D와 E는 인접하는 층에 배치될 수 없다.
> • F는 D보다 위층에 배치된다.

43 다음 중 항상 참이 되는 것은?

① C는 항상 A보다 2층 아래에 위치한다.

② A는 항상 B보다 2층 위에 위치한다.

③ D는 항상 2층에 배치된다.

④ F는 1층에 배치될 수 없다.

✔해설 ④ F는 D보다는 위층에 있어야 하므로 적어도 2층 이상에 배치되어야 한다.

44 B부서가 3층에 위치할 때 항상 참이 되는 것은?

① C부서는 1층에 배치된다.

② D부서는 2층에 배치된다.

③ F부서는 6층에 배치된다.

④ E부서는 4층에 배치된다.

✔ 해설 부서가 배치되는 경우는 다음과 같다.

F	E	F
A	A	A
D	F	E
B	B	B
E	D	D
C	C	C

② D부서는 2층 또는 4층에 배치될 수 있다.

③ F부서는 4층 또는 6층에 배치될 수 있다.

④ E부서는 2층, 4층, 6층에 배치될 수 있다.

45 C부서가 3층에 위치할 경우 항상 참이 되는 것은?

① F는 B와 D 사이에 위치한다.

② C는 B의 바로 아래층이다.

③ A와 C는 인접한 층에 위치한다.

④ E의 위층에는 F가 위치한다.

✔ 해설 ① F는 C와 D 사이에 위치한다.

③ A와 C는 인접한 층에 위치하지 않는다.

④ F는 E의 아래쪽에 위치한다.

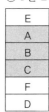

E
A
B
C
F
D

46 농구에서 4개의 팀이 1개 조를 이루어 예선전을 치르는데 예선전은 리그전 방식으로 경기를 진행하고 4강부터는 토너먼트 방식으로 경기를 진행하는데 2개의 팀이 진출한다. 예선전에서 A는 1승 1무, B는 1승 1패, C는 1승 1무, D는 2패를 기록하고 있을 때 남은 경기가 A와 D, B와 C가 남았다면 다음 중 설명이 바르게 된 것은?

① A는 B와 C의 경기결과에 상관없이 진출한다.

② A가 D에게 지고 B가 C에게 이기면 A는 탈락이다.

③ A가 D에게 이기면 무조건 진출한다.

④ D는 남은 경기결과에 따라 진출 여부가 결정된다.

> ✔해설 리그전은 적어도 상대와 모두 한 번 이상 시합하여 그 성적에 따라 우승을 결정하는 것이고 토너먼트는 1:1로 시합했을 때 이기는 사람만 진출하는 방법이다. A가 D에 이길 경우 2승 1무로 다른 팀의 경기결과에 상관없이 토너먼트에 진출한다.

47 A, B, C, D, E의 성적을 높은 순서대로 순번을 매겼더니 다음과 같았다. 성적이 두 번째로 높은 사람은?

> • 순번상 E의 앞에는 2명 이상의 사람이 있고 C보다는 앞이었다.
> • D의 순번 바로 앞에는 B가 있다.
> • A의 순번 뒤에는 2명이 있다.

① A   ② B

③ C   ④ D

> ✔해설 ④ 조건에 따라 순번을 매겨 높은 순으로 정리하면 B→D→A→E→C가 된다.

Answer   44.①   45.②   46.③   47.④

03. 언어추리력 ▋ 85

48 '갑, 을, 병, 정, 무, 기, 경, 신' 8명을 4명씩 두 조로 만들 때 다음 조건을 만족하는 가능한 조 편성은?

> • '병'과 '기'는 각 조의 조장을 맡는다.
> • '을'은 '정' 또는 '기'와 같은 조가 되어야 한다.

① 갑, 을, 병, 기
② 갑, 정, 기, 신
③ 을, 정, 기, 신
④ 을, 병, 무, 경

> ✔해설 ① '병'과 '기'가 같은 조여서는 안 된다.
> ②④ '을'이 '정' 또는 '기'와 같은 조가 아니다.

49 무게가 서로 다른 ㉠~㉡의 6개 돌이 다음과 같은 조건을 가질 때 추론할 수 없는 것은?

> • ㉡은 ㉠보다 무겁고, ㉡보다 무겁다.
> • ㉢은 ㉡보다 무겁고, ㉣보다 가볍다.
> • ㉤은 ㉢보다 가볍다.

① ㉠은 ㉡보다 무겁다.
② ㉢은 두 번째로 무겁다.
③ ㉤은 ㉣보다 가볍다.
④ ㉢과 ㉣은 ㉡보다 무겁다.

> ✔해설 ① 주어진 조건으로는 ㉠과 ㉡의 무게 차이를 알 수 없다.

50 다음 글을 통해서 볼 때, 그림을 그린 사람(들)은 누구인가?

> 송화, 진수, 경주, 상민, 정란은 대학교 회화학과에 입학하기 위해 △△미술학원에서 그림을 그린다. 이들은 특이한 버릇을 가지고 있다. 송화, 경주, 정란은 항상 그림이 마무리되면 자신의 작품 밑에 거짓을 쓰고, 진수와 상민은 자신의 그림에 언제나 참말을 써넣는다. 우연히 다음과 같은 글귀가 적힌 그림이 발견되었다.
> "이 그림은 진수가 그린 것이 아님"

① 진수   ② 상민

③ 송화, 경주   ④ 경주, 정란

✅**해설** 작품 밑에 참인 글귀를 적는 진수와 상민이 그렸다면, 진수일 경우 진수가 그리지 않았으므로 진수는 그림을 그린 것이 아니고 상민일 경우 문제의 조건에 맞으므로 상민이 그린 것이 된다.

CHAPTER 04

공간지각력

[출제목적] 공간지각능력과 추리능력을 함께 측정하는 영역

[출제유형] • 도형, 블록, 회전체, 절단면, 펀칭, 전개도 등의 문제 유형
• 도식추론, 구 회전 등 새로운 유형의 문제 유형

▌1~4 ▌ 다음 입체를 펼쳤을 때, 나올 수 있는 전개도로 알맞은 것을 고르시오.

1

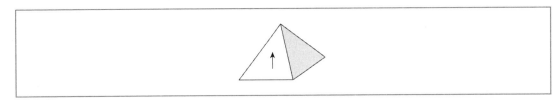

① 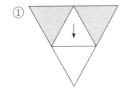 ② 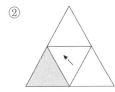 ③ 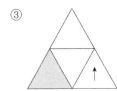 ④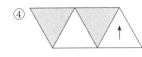

　　　　✔ 해설　④번만 해당된다.

① 　② 　③

2

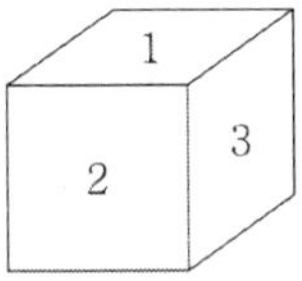

①

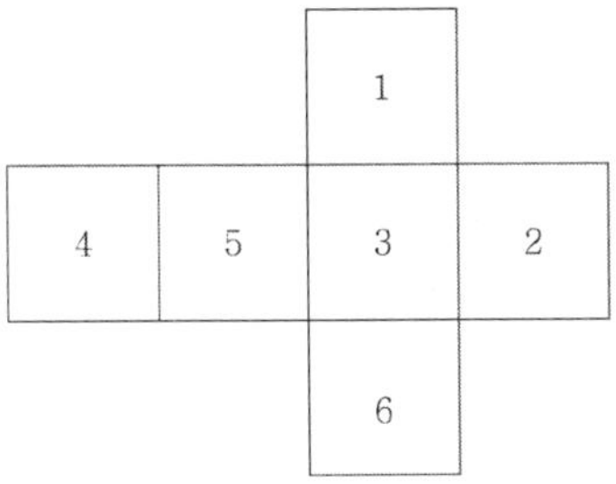

②

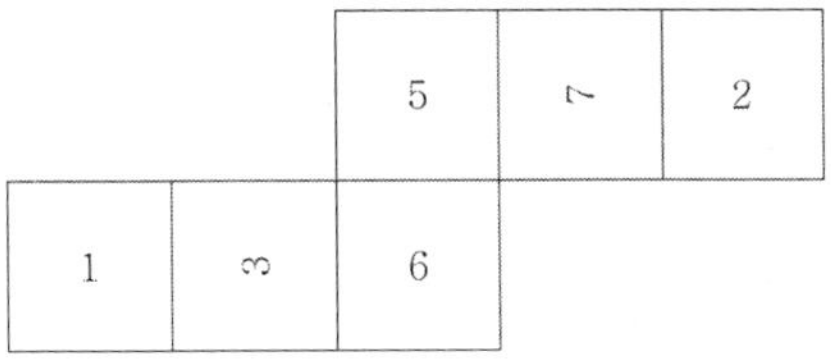

③

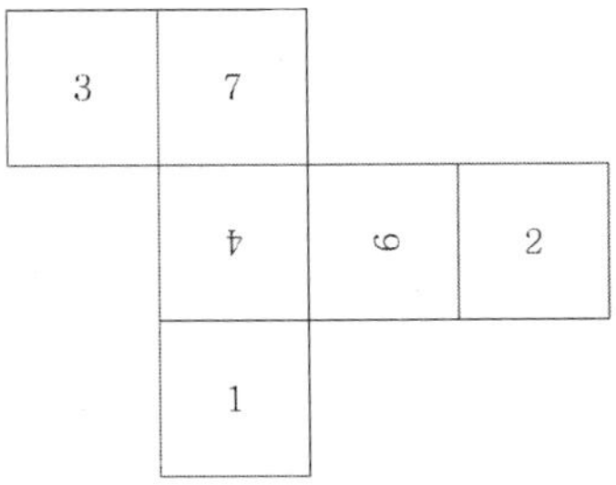

④

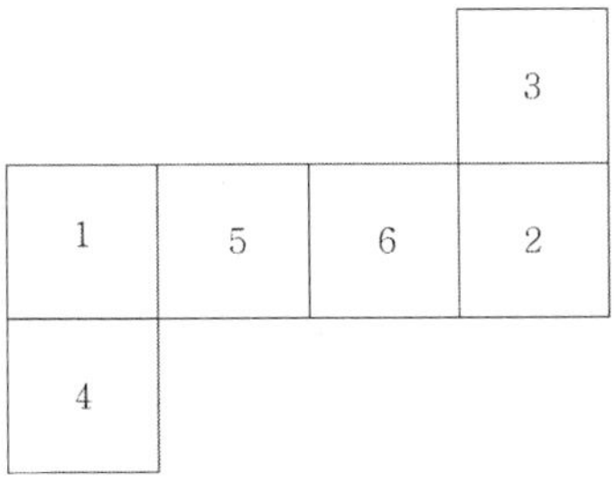

해설 ②번만 해당된다.

①

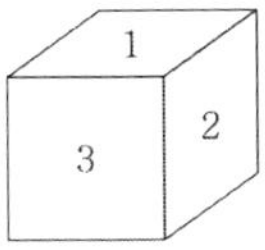

③

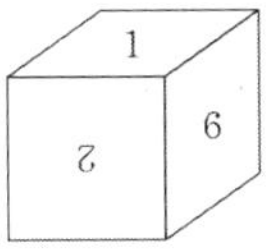

④

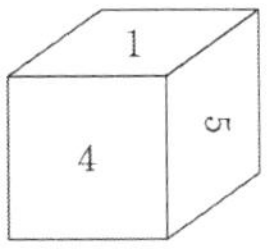

Answer 1.④ 2.②

3

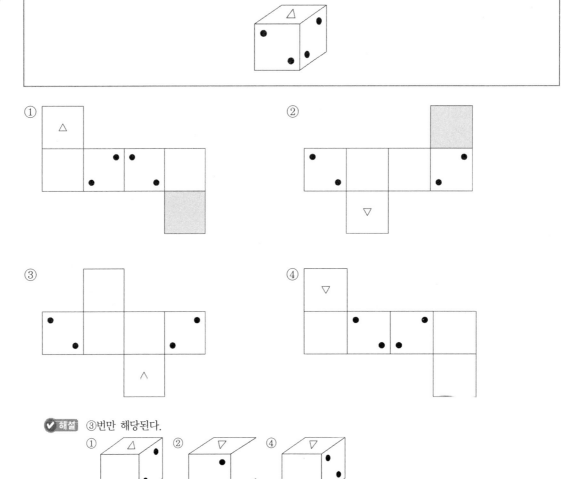

✔해설 ③번만 해당된다.

4

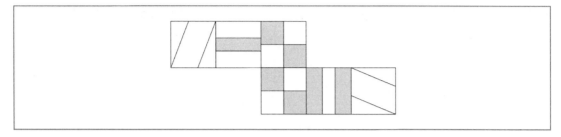

① 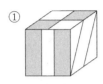　② 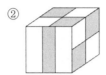　③ 　④

✔ 해설

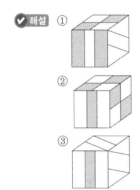

5

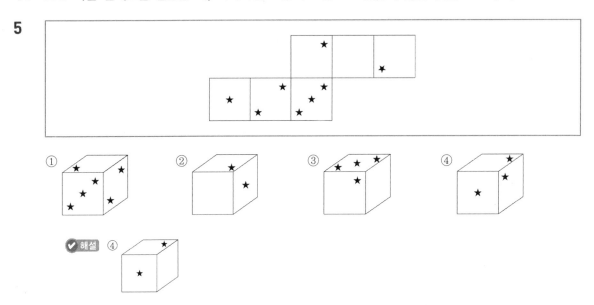

6

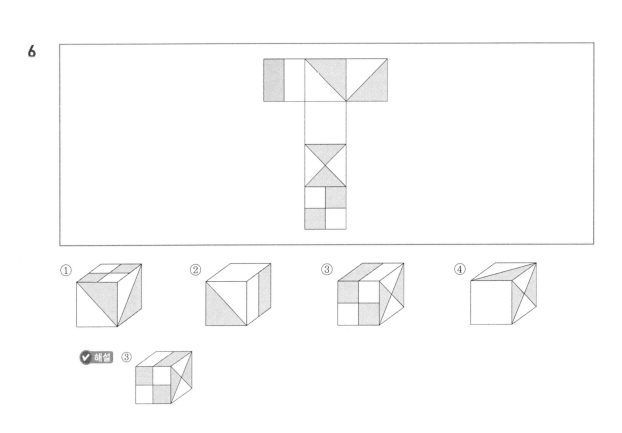

7

① ② ③ ④

✔ 해설 ④

8

① ② ③ ④

✔ 해설 ③

9

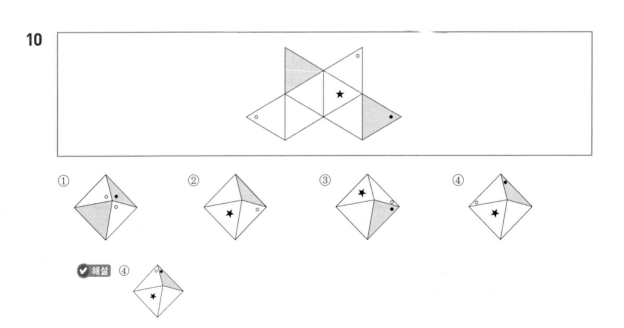

11

① ② ③ ④

✔해설 ①   ③   ④

12

① ② ③ ④

✔해설 ②   ③   ④

Answer   9.③   10.④   11.②   12.①

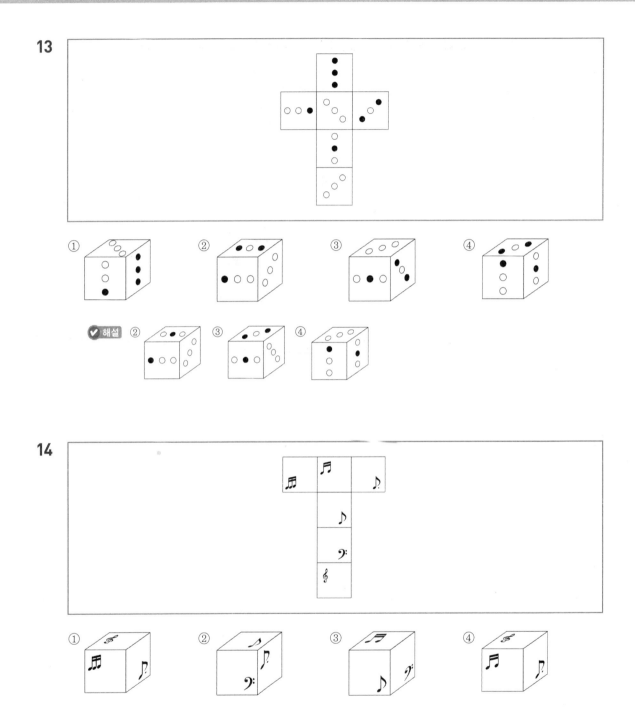

15

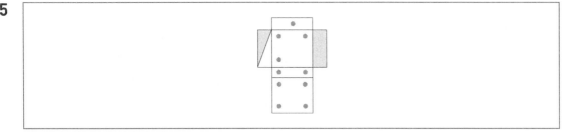

① 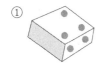　② 　③ 　④

 ① 　② 　③

16

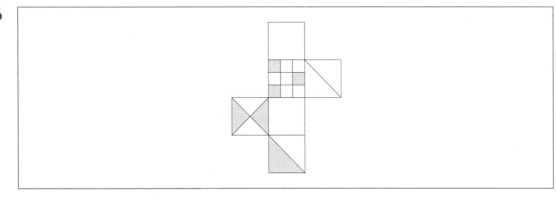

① 　② 　③ 　④

 ① 　③ 　④

Answer　13.①　14.④　15.④　16.②

17

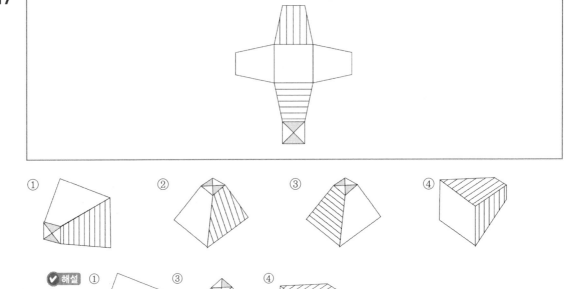

18

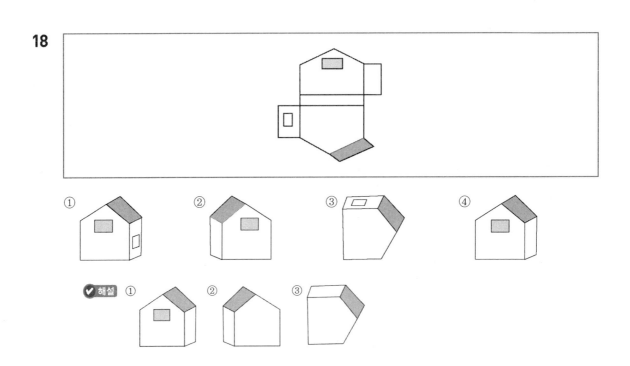

┃19~21 ┃ 다음 제시된 〈보기〉의 블록이 도형 A, B, C를 조합하여 만들어질 때, 도형 C에 해당하는 것을 고르시오.

19

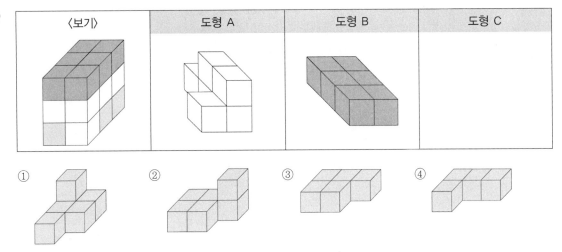

① ② ③ ④

✔ 해설 〈보기〉에 제시된 블록의 총 개수는 18개이다. 도형 A의 블록 수가 6개이고, 도형 B의 블록 수가 6개이므로 도형 C는 6개의 블록으로 이루어진 모양이어야 한다. 따라서 ③, ④는 제외하고 블록의 모양을 판별하도록 한다. 특징적인 도형을 기준으로 삼아 회전 시의 모양을 유추하도록 한다.

Answer 17.② 18.④ 19.①

20

〈보기〉	도형 A	도형 B	도형 C
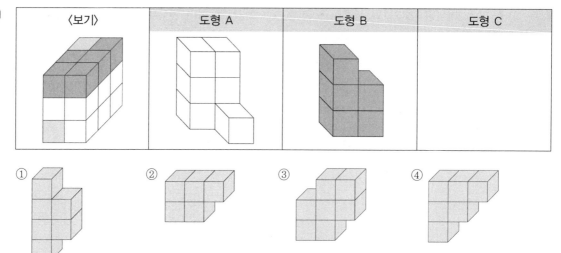			

① 　② ③ ④

✔ 해설　〈보기〉에 제시된 블록의 총 개수는 18개이다. 도형 A의 블록 수가 7개이고, 도형 B의 블록 수가 5개이므로 도형 C는 6개의 블록으로 이루어진 모양이어야 한다.
① 블록의 높이는 최대 3개까지 쌓을 수 있다.
②③ 블록의 개수가 많거나 적다.

21

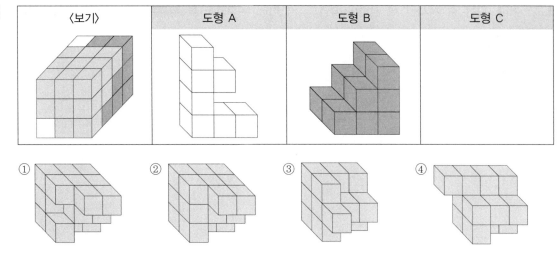

〈보기〉	도형 A	도형 B	도형 C

① ② ③ ④

✔해설 〈보기〉에 제시된 블록의 총 개수는 36개이다. 도형 A의 블록 수가 7개이고, 도형 B의 블록 수가 12개
이므로 도형 C는 17개의 블록으로 이루어진 모양이어야 한다.
② 18개 ③ 15개 ④ 14개

▌22~24 ▌ 다음 중 제시된 세 단면도(평면도, 정면도, 우측면도)를 참고할 때, 이에 해당하는 입체도형을 고르시오.

22

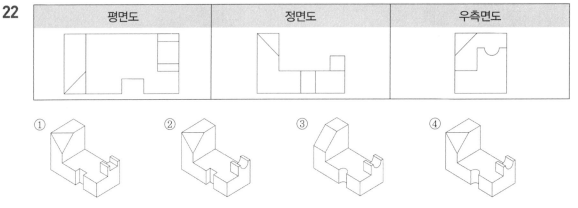

평면도	정면도	우측면도

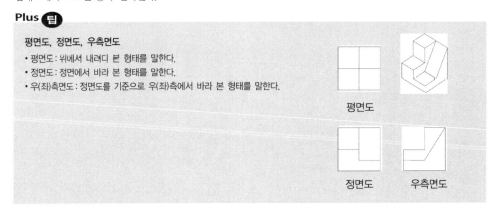

✔해설 ② 〈보기〉에 제시된 평면도, 정면도, 우측면도에서 대각선으로 그어진 부분은 입체도의 좌측상단에서 삼각형의 모양으로 나타난다. 이에 따라 ③은 제외된다. 또한 우측면도의 중앙부분을 보면 반원의 형태이기 때문에 입체도에서 오른쪽 돌출부분이 반원인 것을 고르면 ②, ④이다. 마지막으로 평면도에서 사각형으로 된 홈 부분을 입체도에서 고르면 ②가 선택된다.

Plus 팁

평면도, 정면도, 우측면도
• 평면도 : 위에서 내려디 본 형태를 말한다.
• 정면도 : 정면에서 바라 본 형태를 말한다.
• 우(좌)측면도 : 정면도를 기준으로 우(좌)측에서 바라 본 형태를 말한다.

평면도

정면도   우측면도

23

평면도	정면도	우측면도

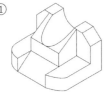 ①   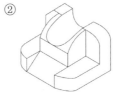 ②   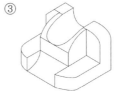 ③   ④

✔해설 ① 평면도를 기준으로 입체도가 잘못 표현되었다.
②③ 우측면도를 기준으로 입체도가 잘못 표현되었다.

24

평면도	정면도	우측면도

 ①   ②   ③   ④

✔해설 평면도를 기준으로 우측하단이 막혀 있는 ①, ④와 ③은 제외된다.

┃25~30┃ 다음 입체도형의 전개도로 옳은 것을 고르시오.

25

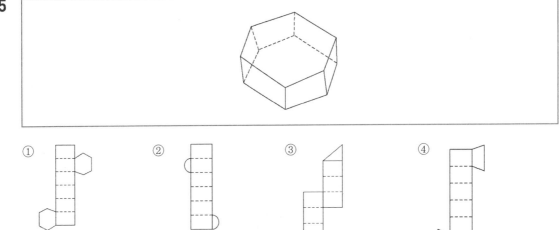

① ② ③ ④

✔**해설** 밑면의 모양으로 전개도를 찾는다.

26

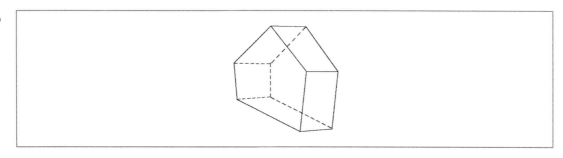

① 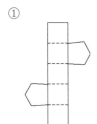　② 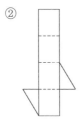　③ 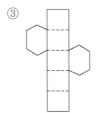　④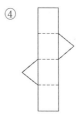

✔ 해설 　밑면의 모양으로 전개도를 찾는다.

Plus 팁

전개도 문제 해결법
㉠ 면의 개수를 파악한다.
㉡ 밑면의 모양을 확인한다.
㉢ 기준면을 정하여 맞닿는 면을 체크하며 비교한다.

27

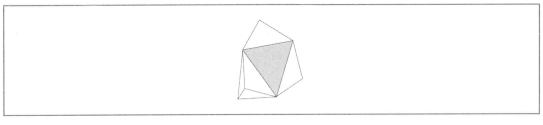

①   ②    ③ 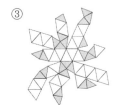   ④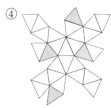

✔ 해설

28

① 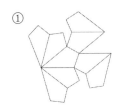   ②    ③ 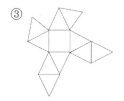   ④

✔ 해설

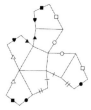

29

① 　② 　③ 　④

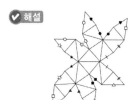

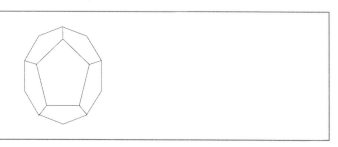

30

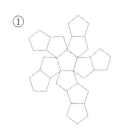　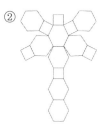

① 　② 　③ 　④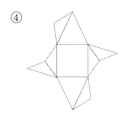

면이 정오각형인 것을 찾는다.

Answer 27.①　28.④　29.④　30.①

CHAPTER **05**

판단력

[출제목적] 이해력, 판단력 등을 측정하고자 하는 영역

[출제유형] • 지문을 읽고 글의 제목 및 주제를 찾는 유형
  • 지문과 일치하거나 지문을 통해 추론할 수 있는 내용을 찾는 유형
  • 문장배열하기, 빈칸 채우기 등 다양한 유형

[T I P] • 지문의 길이가 비교적 긴 편으로 제한시간 내에 최대한 많은 문제를 풀기 위해서는 효율적으로 지문을 읽어나가는 요령필요

---

1 내용 전개상 단락 배열이 가장 적절한 것은?

> (가) 우리나라 가계조사의 시초는 1951년 한국은행에서 전시 중의 국민 소비 수준을 측정하기 위하여 부산의 60가계를 대상으로 조사한 것이 최초이다.
> (나) 이 자료는 국민의 생활수준 및 소비생활 실태를 파악하게 해 주며 국가가 소비자물가지수를 산출하거나 임금정책 · 사회보장제도 등을 수립하는 데 기초 자료로 쓰이고 있다.
> (다) 가계조사는 가계의 경제 상태 및 생활수준의 변동 상황을 파악하기 위하여 가계수입과 가계지출을 세부 항목별로 조사하는 것이다.
> (라) 이어 1954년에는 서울의 근로지 100가계를 대상으로 조사하였으며 이는 1959년까지 계속되었다.
> (마) 하지만 이러한 조사는 그 조사대상이 극히 일부 근로자에 국한되었고 표본 산출 과정에도 객관성이 결여되어 있었으므로 1960년에는 조사대상을 선정하는 방법을 개선하여 실행하였고 1990년부터는 통계청에서 실시하여 매년 「한국통계연감」 · 「도시가계연보」 등에 발표하고 있다.

① (다)-(나)-(가)-(라)-(마)
② (다)-(라)-(가)-(나)-(마)
③ (라)-(마)-(나)-(다)-(가)
④ (라)-(다)-(나)-(마)-(가)

✔해설 (다) 가계조사의 정의→(나) 가계조사의 용도→(가) 우리나라 최초의 가계조사→(라) 1954년~1959년까지의 우리나라 가계조사→(마) 1960년 이후의 우리나라 가계조사

2 다음 괄호 안에 들어갈 알맞은 접속사를 고르면?

> 미국인들 중에는 누가 물어보면 여전히 개인의 노력으로 사회에서 성공할 수 있다고 대답하는 사람이 많다. 한 조사에 따르면 "사람은 자기가 노력한 만큼 보상을 받는다"라는 말에 동의한 미국인은 61%인데 반해 캐나다에서는 49%, 프랑스에서는 23%만이 동의했다고 한다. (   ) 미국의 현실은 기회뿐 아니라 성공에서도 불평등이 극심하다는 것을 보여준다. 우리는 고된 노력과 결단력만으로도 성공할 수 있다고 믿을지 모르지만 이는 현실과 다르다.

① 그리고   ② 그런데
③ 그러나   ④ 그래서

✔ 해설 미국인 중 많은 사람이 개인의 노력으로 사회에서 성공할 수 있다고 생각한다는 문장 뒤에 현실은 그렇지 않다는 문장이 이어지고 있으므로 역접을 나타내는 접속어인 '그러나'가 적절하다.

3 다음 괄호 안에 들어갈 알맞은 연결어를 순서대로 나열한 것은?

> '있다', '없다'는 동사 성격과 형용사 성격을 모두 공유하고 있는데, 이를 중요시하여 따로 존재사를 설정하는 경우가 있다. (   ), 동사에는 관형사형 어미 '-는'이 붙을 수 있고, 형용사에 는 '-는'이 붙이 못하는 특성이 있는데, '있다', '없다'는 '있는', '없는'에서 보는 것처럼 둘 다 가능하다는 것이다. 그렇다고 이 둘이 의미상으로 동작의 움직임이나 과정을 나타내는 동사인가 하면, 그렇지도 않으니 동사, 형용사 품사 배정에 어려움이 있다는 것이다. (   ) 동사, 형용사 두 가지 특성을 보이는 새로운 품사로 존재사라는 것을 설정하는 것이다. (   ) 이 두 단어 때문에 새로운 품사를 설정하는 것은 바람직하지 않다고 본다.

① 예컨대 – 그러나 – 그래서
② 하지만 – 따라서 – 그럼에도 불구하고
③ 한편 – 그래서 – 하지만
④ 예를 들어 – 따라서 – 그러나

✔ 해설 첫 번째 괄호에는 '있다', '없다'가 동사와 형용사의 성격을 모두 공유하는 예가 이어지므로 '예컨대', '예를 들어'가 적절하며, 두 번째 괄호에는 인과관계를 나타내는 '따라서' 또는 '그래서'가 들어가야 한다. 마지막 괄호에는 앞의 문장에서 언급한 존재사 설정에 대한 반박의 문장이 이어지므로 '그러나' 등의 역접의 접속사가 오는 것이 적절하다.

Answer 1.① 2.③ 3.④

4 ( )에 들어갈 말로 가장 알맞은 접속사를 고르면?

> 표준어는 나라에서 대표로 정한 말이기 때문에, 각 급 학교의 교과서는 물론이고 신문이나 책에서 이것을 써야 하고, 방송에서도 바르게 사용해야한다. 이와 같이 국가나 공공 기관에서 공식적으로 사용해야 하므로, 표준어는 공용어이기도 하다. ( ) 어느 나라에서나 표준어가 곧 공용어는 아니다. 나라에 따라서는 다른 나라 말이나 여러 개의 언어로 공용어를 삼는 수도 있다.

① 그래서   ② 그러나

③ 그리고   ④ 그러므로

✔️**해설** 앞 문장에서는 표준어는 국가나 공공 기관에서 공식적으로 사용해야 하므로 표준어가 공용어이기도 하다는 것을 말하고 있고, 뒤 문장에서는 표준어가 어느 나라에서나 공용어로 사용되는 것은 아님을 말하고 있으므로 앞 뒤 문장의 내용이 상반된다. 따라서 상반되는 내용을 이어주는 접속어 '그러나'가 들어가야 한다.

5 다음 글을 읽고 가장 적합한 속담을 고르면?

> 자존심이 강한 사람은 누군가 자신의 자존심을 건드리거나 수치심을 주면 자신의 앞날은 생각하지 않고 상대방에게 하고 싶은 말을 다하다가 결국 많은 피해를 보거나 심지어 친한 사람을 잃기 까지 한다. 물론 그렇기 때문에 무조건 자존심을 버리고 상대방에게 굽실대라는 것은 아니다. 다만 너무 자신의 자존심만을 내세우기 보다는 유연하게 대처하는 방법이 필요하다는 것이다. 누구는 지나치게 자존심을 내세우다 모든 것을 잃는 반면 또 다른 누군가는 유연한 대처로 새로운 엄청난 힘을 얻을 수도 있다.

① 버들가지가 바람에 꺾일까.

② 가을에는 부지깽이도 덤빈다.

③ 도깨비도 수풀이 있어야 모인다.

④ 안방에 가면 시어머니 말이 옳고 부엌에 가면 며느리 말이 옳다.

✔️**해설** 위 제시문은 너무 자존심만 내세우지 말고 가끔씩은 유연한 대처도 필요하다는 말로 부드러워서 곧 바람에 꺾일 것 같은 버들가지가 끝까지 꺾이지 않듯이 부드러운 것이 단단한 것보다 더 강하다는 의미의 ①이 가장 알맞은 정답이다.

② 가을에는 부지깽이도 덤빈다. : 바쁠 때는 모양이 비슷해도 사용된다.

③ 도깨비도 수풀이 있어야 모인다. : 의지할 곳이 있어야 무슨 일이나 이루어진다.

④ 안방에 가면 시어머니 말이 옳고 부엌에 가면 며느리 말이 옳다. : 각각 일리가 있어 그 시비를 가리기 어렵다.

6 다음 글의 결론으로 적당한 것은?

> 책은 휴대 가능하고, 값이 싸며, 읽기 쉬운 데 반해 컴퓨터는 들고 다닐 수가 없고, 값도 비싸며, 전기도 필요하다. 전자 기술의 발전은 이런 문제를 해결할 것이다. 조만간 지금의 책 크기만 한, 아니 더 작은 컴퓨터가 나올 것이고, 컴퓨터 모니터도 훨씬 정교하고 읽기 편해질 것이다. 조그만 칩 하나에 수백 권 분량의 정보가 기록될 것이다.

① 컴퓨터는 종이 책을 대신할 것이다.
② 컴퓨터는 종이 책을 대신할 수 없다.
③ 컴퓨터도 종이 책과 함께 사라질 것이다.
④ 종이 책의 역사는 앞으로도 계속될 것이다.

> ✔해설 전자 기술이 발전함에 따라 컴퓨터의 단점이 개선되어 종이 책을 대신할 수 있는 작지만 더욱 정교하고 용량이 큰 컴퓨터가 등장할 것임을 예상하고 있음으로 글의 결론은 '컴퓨터가 종이 책을 대신할 것이다.' 가 적절하다.

7 다음 글을 통하여 추리할 때, 이 글의 앞에 나왔을 내용으로 맞는 것은?

> 하지만 헌법상 예외적으로 특별한 대우가 인정되는 경우도 있다. 정당은 다른 단체보다 존립과 해산에 있어서 특별한 취급을 받는다. 대통령은 그의 직책을 수행하는 동안에는 형사소추를 받지 않는 특권을 가지며, 국회의원은 직무상 행한 발언에 대하여 책임을 지지 않는다. 또한 국가유공자와 상이군경은 취업에서 우선권이 보장된다.

① 평등권은 법률로 제한가능하다.
② 우리 헌법은 자유권을 보장하고 있다.
③ 인간의 존엄성은 인간이 태어날 때부터 가지는 고유한 권리이다.
④ 누구든지 합리적 이유 없는 차별대우를 받지 아니할 권리를 가진다.

> ✔해설 ④ 예외적으로 특별한 대우를 인정하는 경우가 있다는 내용과 반대되는 내용이 이 글 앞에 나와야 한다. 즉, 누구든지 평등한 권리를 가진다는 내용이 와야 한다.

Answer 4.② 5.① 6.① 7.④

8 다음 글의 논지전개과정으로 옳은 것은?

> 어떤 심리학자는 "언어가 없는 사고는 없다. 우리가 머릿속으로 생각하는 것은 소리 없는 언어일 뿐이다." 라고 하여 언어가 없는 사고가 불가능하다는 이론을 폈으며, 많은 사람들이 이에 동조(同調)했다. 그러나 우리는 어떤 생각은 있되 표현할 적당한 말이 없는 경우가 얼마든지 있으며, 생각만은 분명히 있지만 말을 잊어서 표현에 곤란을 느끼는 경우도 있는 것을 경험한다. 이런 사실로 미루어 볼 때 언어와 사고가 불가분의 관계에 있는 것은 아니다.

① 전제 – 주지 – 부연
② 주장 – 상술 – 부연
③ 주장 – 반대논거 – 반론
④ 문제제기 – 논거 – 주장

> ✔해설 제시된 글은 "언어가 없는 사고는 불가능하다."는 주장을 하다가 '표현할 적당한 말이 없는 경우와 표현이 곤란한 경우'의 논거를 제시하면서 "언어와 사고가 불가분의 관계에 있는 것이 아니다."라고 반론을 제기하고 있다.

9 문맥상 밑줄 친 부분에 올 문장으로 적절한 것은?

> "아프냐? 나도 아프다."라는 말에서처럼, 나는 다른 사람이 아픔을 느낀다는 것을 그의 말이나 행동으로 알고, 그 아픔을 함께 나눌 수도 있다. 하지만 그의 아픔이 정말로 나의 아픔과 같은 것인지 묻는 것은 다른 문제다.
> 이 문제에 대한 고전적인 해결책은 유추의 방법을 사용하는 것이다. 나는 손가락을 베였을 때 느끼는 아픔을 "아야!"라는 말이나 움츠리는 행동을 통해 나타낸다. 그래서 다른 사람도 그러하리라 전제하고는, 다른 사람이 나와 같은 말이나 행동을 하면 '저 친구도 나와 같은 아픔을 느꼈겠군.'하고 추론한다. 말이나 행동의 동일성이 느낌의 동일성을 보장한다는 것이다.
> 그러나 이 논증의 결정적인 단점은 _____

① 인간의 모든 심리변화를 관찰할 수 있다는 점이다.
② 다른 사람의 느낌을 직접 관찰하는 것은 불가능하다는 것이다.
③ 다른 사람의 뉴런 발화를 비교하여 그것이 같은지 다른지 판단할 수 있다는 것이다.
④ 나의 경험에만 의지하여 다른 사람도 나와 같은 아픔을 느낀다고 판단한다는 것이다.

> ✔해설 ④ 문맥상 '느낌의 동일성'이 모두에게 해당되는 것은 아니라는 내용이 들어가야 적절하다.

10 다음 글의 주제는 무엇인가?

우리가 흔히 경험하는 바에 따르면, 예술이 추구하는 미적 쾌감이 곱고 예쁜 것에서 느끼는 쾌적함과 반드시 일치하지는 않는다. 예쁜 소녀의 그림보다는 주름살이 깊이 팬 늙은 어부가 낡은 그물을 깁고 있는 그림이 더 감동적일 수 있다. 선과 악을 간단히 구별할 수 없는 여러 인물들이 뒤얽혀서 격심한 갈등이 전개되는 영화가 동화처럼 고운 이야기를 그린 영화보다 더 큰 감명을 주는 것도 흔히 있는 일이다. 이와 같이 예술의 감동이라는 것은 '단순히 보고 듣기 쾌적한 것'이 아닌, '우리의 삶과 이 세계에 대한 깊은 인식, 체험'을 생생하고도 탁월한 방법으로 전달하는 데에 있다.

① 예술은 쾌적함을 주는데 그 목적이 있다.
② 예술의 미적 쾌감은 곱고 아름다운 것에서만 느낄 수 있다.
③ 우리 삶 속의 문제와 갈등은 예술과는 거리가 멀다.
④ 예술의 미는 소재가 아닌 삶에 대한 통찰과 표현의 탁월성에서 나온다.

✔**해설** ④ '늙은 어부'의 그림과 '격심한 갈등을 보여주는 영화'를 예로 들어 예술의 미란 단순한 '미', '추'의 개념으로 판단할 수 없음을 말하고 있다.

11 다음 글의 제목으로 적절한 것은?

국내 주요 기업 최고 경영자들이 잇따라 트위터 열풍에 동참하고 있다. 이들은 개인적인 일상생활뿐만 아니라 경영 활동의 일환인 해외 출장과 같은 주요 일정도 공개하는 등 트위터를 통한 '소통의 경영'을 실천해 눈길을 끌고 있다. 이 같은 재계 주요 인사들의 적극적인 트위터 활용을 바라보는 시각은 두 가지다. 회사 직원들뿐만 아니라 궁극적 소비자인 불특정 다수의 국민들과 진정한 '스킨십 경영'을 실천한다는 점은 긍정적이다. 그러나 기업의 관련 업무 담당자들이 자사 최고 경영자의 트위터를 모니터링하는 업무까지 수행해야 하는 것은 부정적인 측면으로 평가된다.

① 트위터와 스킨십
② 트위터와 업무 집중도
③ 최고 경영자의 업무 방식
④ 최고 경영자의 트위터 열풍의 명암

✔**해설** 국내 주요 기업 최고 경영자들의 트위터 열풍에 대한 두 가지 시각에 대해 말하고 있다. 회사 직원들뿐 아니라 국민들과 진정한 '스킨십 경영'을 실천한다는 점은 긍정적이지만 기업의 관련 업무 담당자들이 자사 최고 경영자의 트위터를 모니터링하는 업무까지 수행해야 하는 것은 부정적이라고 언급하였으므로 답이 ④라는 것을 쉽게 알 수 있다.

Answer 8.③ 9.④ 10.④ 11.④

12 밑줄 친 ⊙~㉣ 중 국제 자본 이동의 방향이 나머지와 다른 것은?

> 국제 자본 이동은 돈이 국경을 넘어서 옮겨 다니는 것을 말한다. 이러한 이동은 매우 다양한 형태로 발생한다. 가령 ⊙국내 기업이 외국 기업을 경영하거나 자산을 증식하기 위한 목적으로 해당 기업의 주식을 매입하는 경우, ㉡국내 기업이 외국에 새로운 법인이나 공장을 세우는 경우, ㉢국내 기업이 외국의 채권, 상업 어음 등의 자산을 취득하는 경우, ㉣정부나 혹은 예금 은행들이 장·단기적으로 외국 자본을 차입하는 경우, 개인이 자산의 증식을 위해 외국 기업의 주식 등을 취득하는 경우 등이 국제 자본 이동의 대표적 사례에 해당한다.

① ⊙   ② ㉡

③ ㉢   ④ ㉣

> ✔해설 ㉣ 해외의 자본이 국내로 유입되는 경우에 해당한다.
> ⊙㉡㉢ 모두 국내 자본이 해외로 나가는 경우에 해당한다.

13 문맥상 밑줄 친 부분에 올 문장으로 적절한 것은?

> 아인슈타인은 누구에게나 절대적 진리로 간주되었던 시간과 공간의 불변성을 뒤엎고, 상대성 이론을 통해 시간과 공간도 변할 수 있다는 것을 보여 주었다. 정형화된 사고의 틀을 깨는 이러한 발상의 전환은 직관적 영감에서 나온 것으로, 과학의 발견에서 직관적 영감이 얼마나 큰 역할을 하는지 잘 보여 준다. 그밖에도 뉴턴은 떨어지는 사과에서 만유인력을 발견하였고, 갈릴레이는 피사의 대사원에서 기도하던 중 천장에서 흔들리는 램프를 보고 진자(振子)의 원리를 발견하였다. 그리고 아르키메데스는 목욕탕 안에서 물체의 부피를 측정하는 원리를 발견하고 "유레카! 유레카!"를 외치며 집으로 달려갔던 것이다. 이렇게 볼 때 과학의 발견이 '1퍼센트의 영감과 99퍼센트의 노력'에 의해서 이루어진다는 말은 _____

① 과학자들의 천재성을 드러내기에는 불충분하다.

② 과학적 발견의 어려움을 잘 표현하고 있다.

③ 창조과정에서 과학과 예술의 유사성을 보여준다.

④ 과학의 발견에서 직관적 영감의 역할을 과소평가한 것이다.

> ✔해설 ④ 이 글의 요지는 과학의 발견에서 '직관적 영감'이 큰 역할을 한다는 것이다. 하지만 '1퍼센트의 영감과 99퍼센트의 노력'이라는 말은 '영감'보다는 '노력'을 강조한 것이므로 이를 부정하는 내용이 오는 것이 옳다.

14 다음 ㈎와 ㈏의 논지 전개 구조를 가장 잘 설명한 것은?

> ㈎ 사회 복지 정책이 사람들의 자유를 침해(侵害)한다는 논리 가운데 하나는, 사회 복지 정책 추진에 필요한 세금을 많이 낸 사람들이 이득을 적게 볼 경우, 그 차이만큼 불필요하게 개인의 자유를 제한한 것이 아니냐는 것이다. 일반적으로 사회 복지 정책이 제공하는 재화와 서비스는 공공재적 성격을 갖고 있어, 이를 이용하는 데 차별(差別)을 두지 않는다. 따라서, 강제적으로 낸 세금의 액수와 그 재화의 이용을 통한 이득 사이에는 차이가 존재할 수 있고, 세금을 많이 낸 사람들이 적은 이득을 보게 될 경우, 그 차이만큼 불필요하게 그 사람의 자유를 제한하였다고 볼 수 있다.
>
> ㈏ 그러나 이러한 자유의 제한은 다음과 같은 측면에서 합리화될 수 있다. 사회 복지 정책을 통해 제공하는 재화는 보편성을 가지고 있기 때문에, 사회 전체를 위해 강제적으로 제공하는 것이 개인들의 자발적인 선택의 자유에 맡겨둘 때보다 그 양과 질을 높일 수 있다. 예를 들어, 각 개인들에게 민간 부문의 의료 서비스를 사용할 수 있는 자유가 주어질 때보다 모든 사람들이 보편적인 공공 의료 서비스를 받을 수 있을 때, 의료 서비스의 양과 질은 전체적으로 높아진다. 왜냐 하면, 모든 사람을 대상으로 하는 의료 서비스의 양과 질이 높아져야만 개인에게 돌아올 수 있는 서비스의 양과 질도 높아질 수 있기 때문이다. 이러한 경우 세금을 많이 낸 사람이 누릴 수 있는 소극적 자유는 줄어들지만, 사회 구성원들이 누릴 수 있는 적극적 자유의 수준은 전반적으로 높아지는 것이다.

① ㈎에서 논의한 것을 ㈏에서 사례를 들어 보완하고 있다.
② ㈎에서 서로 대립되는 견해를 소개한 후, ㈏에서 이를 절충하고 있다.
③ ㈎에서 문제의 원인을 분석한 후, ㈏에서 해결 방안을 모색하고 있다.
④ ㈎에서 논의된 내용에 대해 ㈏에서 반론의 근거를 마련하고 있다.

> ✔ 해설 ㈎에서 상대방의 견해를 수용한 뒤 ㈏에서 이에 대한 반론의 근거를 마련하고 있다고 정리할 수 있다.

15 다음 글을 통해 확인할 수 있는 내용이 아닌 것은?

> 최근 들어 도시의 경쟁력 향상을 위한 새로운 전략의 하나로 창조도시에 대한 논의가 활발히 진행되고 있다. 창조도시는 창조적 인재들이 창의성을 발휘할 수 있는 환경을 갖춘 도시이다. 즉 창조도시는 인재들을 위한 문화와 거주 환경의 창조성이 풍부하며 혁신적이고도 유연한 경제 시스템을 구비하고 있는 도시인 것이다.
>
> 창조 도시의 주된 동력을 창조산업으로 볼 것인가 창조 계층으로 볼 것인가에 대해서는 견해가 다소 엇갈리고 있다. 창조 산업을 중시하는 관점에서는 창조 산업이 도시에 인적 · 사회적 · 문화적 · 경제적 다양성을 불어넣음으로써 도시의 재구조화를 가져오고 나아가 부가가치와 고용을 창출한다고 주장한다. 창의적 기술과 재능을 소득과 고용의 원천으로 삼는 창조 산업의 예로는 광고, 디자인, 출판, 공연 예술, 컴퓨터 게임 등이 있다.
>
> 창조 계층을 중시하는 관점에서는 개인의 창의력으로 부가가치를 창출하는 창조계층이 모여서 인재 네트워크인 창조자본을 형성하고 이를 통해 도시는 경제적 부를 축적할 수 있는 자생력을 갖게 된다고 본다. 따라서 창조 계층을 끌어들이고 유지하는 것이 도시의 경쟁력을 제고하는 관건이 된다. 창조 계층에는 과학자, 기술자, 예술가, 건축가, 프로그래머, 영화 제작자 등이 포함된다.
>
> 창조성의 근본 동력을 무엇으로 보든 한 도시가 창조 도시로 성장하려면 창조 산업과 창조 계층을 유인하는 창조 환경이 먼저 마련되어야 한다. 창조 도시에 대한 논의를 주도 한 랜드리는 창조성이 도시의 유전자 코드로 바뀌기 위해서는 다음과 같은 환경적인 요소들이 필요하다고 보았다. 개인의 자질, 의지와 리더십, 다양한 재능을 가진 사람들과의 접근성, 조직 문화, 지역 정체성, 도시 공공 공간과 시설, 역동적 네트워크 구축 등이 그것이다.
>
> 창조 도시는 하루아침에 인위직으로 만들어지지 않으며 추진 과정에서 위험이 수반되기도 한다. 창조산업의 산출물은 그것에 대한 소비자의 수요와 가치 평가를 예측하기 어렵다. 또한 창조 계층이 창의력은 표준화되기 어렵고 그들의 전문화된 노동력은 대체하기가 쉽지 않다. 따라서 창조 도시를 만들기 위해서는 도시 고유의 특성을 면밀히 고찰하여 창조 산업, 창조 계층, 창조 환경의 역동성을 최대화 할 수 있는 조건이 무엇인지 밝혀 낼 필요가 있다.

① 창조 도시의 개념은 무엇인가?
② 창조 도시의 동력을 보는 두 가지 관점을 무엇인가?
③ 창조 도시의 건설 과정에서 위험 요소는 어떤 것들이 있는가?
④ 창조 도시에 대한 각 계층의 입장 차이가 발생한 이유는 무엇인가?

> ✔해설 글에 나타난 객관적인 정보를 잘 파악해야 해결할 수 있는 문제이다. 창조 도시의 개념은 1문단에서 설명하였고 창조 도시를 동력으로 보는 두 가지 관점은 2문단과 3문단에서 설명하였다. 또한 창조 도시의 건설과정에서 발생할 수 있는 위험 요소들은 5문단에서 확인할 수 있으며 창조 도시로 성장하기 위한 환경적 요소는 4문단에서 알 수 있다. 하지만 창조 도시에 대한 각 계층의 입장 차이에 대한 설명은 지문에 제시되어 있지 않다. 창조 도시의 동력을 보는 두 가지 관점 중 하나가 창조 계층을 중시하는 관점이긴 하지만 각 계층의 입장 차이를 설명한 것은 아니기 때문이다.

16 다음 중 ㉠의 전제로 가장 알맞은 것은?

우리는 무엇을 '진리'라고 하는가? 이 문제에 대한 대표적인 이론에는 대응설, 정합설, 실용설이 있다. 대응설은 어떤 판단이 사실과 일치할 때 그 판단을 진리라고 본다. '내 말을 믿지 못하겠거든 가서 보라.'라는 말에는 이러한 대응설의 관점이 잘 나타나 있다. 감각을 사용하여 확인했을 때 그 말이 사실과 일치하면 참이고, 그렇지 않으면 거짓이라는 것이다. 대응설은 일상생활에서 참과 거짓을 구분할때 흔히 취하고 있는 관점으로 ㉠우리가 판단과 사실의 일치 여부를 알 수 있다고 여긴다. 우리는 특별한 장애가 없는 한 대상을 있는 그대로 정확하게 지각한다고 생각한다. 예를 들어 책상이 네모 모양이라고 할 때 감각을 통해 지각된 '네모 모양'이라는 표상은 책상이 지니고 있는 객관적 성질을 그대로 반영한 것이라고 생각한다. 그래서 '그 책상은 네모이다.'라는 판단이 지각 내용과 일치하면 그 판단은 참이 되고, 그렇지 않으면 거짓이 된다는 것이다. 이러한 대응설은 새로운 주장의 진위를 판별할 때 관찰이나 경험을 통한 사실의 확인을 중시한다. 정합설은 어떤 판단이 기존의 지식 체계에 부합할 때 그 판단을 진리라고 본다. 진리로 간주하는 지식 체계가 이미 존재하며, 그것에 판단이나 주장이 들어 맞으면 참이고 그렇지 않으면 거짓이라는 것이다. 예를 들어 어떤 사람이 '물체의 운동에 관한 그 주장은 뉴턴의 역학의 법칙에 어긋나니까 거짓이다.'라고 말했다면, 그 사람은 뉴턴의 역학의 법칙을 진리로 받아들여 그것을 기준으로 삼아 진위를 판별한 것이다. 이러한 정합설은 새로운 주장의 진위를 판별할 때 기존의 이론 체계와의 정합성을 중시한다.

① 우리의 지식 또는 판단은 항상 참이다.
② 우리의 감각은 대상을 있는 그대로 반영한다.
③ 우리는 사물의 전체를 알면 부분을 알 수 있다.
④ 우리의 감각적 지각 능력은 대상을 변화시킬 수 있다.

> ✔**해설** 대응설에 따르면 어떤 판단이 사실과 일치할 때 그 판단을 진리라고 본다. '그 책상은 네모이다.'라는 '판단'은 우리가 감각을 통해 지각한 내용, 즉 '사실'이라고 생각하는 것과 일치하면 참이 되고 그렇지 않으면 거짓이 된다. 여기에는 우리는 감각을 통해 책상을 지각하며, 우리의 감각은 대상인 책상의 객관적 성질을 그대로 반영한다는 전제가 개입되어 있다.
> ① ㉠에서 전제되는 것은 판단과 사실의 일치 여부를 우리가 알 수 있다는 것이다.
> ③ ㉠과는 무관한 진술이다.
> ④ ㉠은 지각 대상의 변화와는 무관하다.

17 다음 글의 제목으로 가장 적합한 것은?

스포츠는 인간의 역사와 더불어 가장 오랫동안 인류 문명에 공헌한 문화유산이다. 그러나 스포츠는 때로 내셔널리즘과 국가 선전에 이용되었으며, 정치와 권력의 시녀로 전락한 적도 있었다. 특히 오늘날의 스포츠는 인류의 도덕과 윤리를 망각한 것처럼 보일 때조차 있다. 상업화, 프로화로 인해 이제 스포츠의 본질적 요소들을 이해하지 않은 채 스포츠의 신체적, 외부적 측면에만 집착한다면 결국 스포츠는 도덕적으로 또 윤리적으로 낙후된 문화로 전락될 수밖에 없다.

스포츠에는 정신적, 도덕적, 철학적, 심미적인 예술의 미가 그 본질에 담겨져 있다. 따라서 스포츠를 통한 페어플레이 정신, 훌륭한 경쟁과 우정, 스포츠맨십 등 인격 함양을 위한 노력이 무엇보다 선행되어야 한다. 그렇게 함으로써 스포츠를 윤리적이고 도덕적인 교육문화로 승화시킬 수 있는 것이다.

① 스포츠와 국가 권력   ② 스포츠와 인간의 역사
③ 스포츠의 문화적 측면   ④ 스포츠의 기원과 변천

✔**해설** 인류 문명에 공헌한 문화유산이라는 문장이 나오고 스포츠를 통한 페어플레이 정신, 훌륭한 경쟁과 우정, 스포츠맨십 등 인격 함양을 위한 노력이 선행될 때 스포츠를 윤리적이고 도덕적인 교육문화로 승화시킬 수 있다는 문장이 나오므로 이글은 스포츠의 문화적 측면에 대한 내용이므로 이 글의 주제는 스포츠의 문화적 측면이 적절하다.

18 다음 글의 요지를 가장 잘 정리한 것은?

신문에 실려 있는 사진은 기사의 사실성을 더해 주는 보조 수단으로 활용된다. 어떤 사실을 사진 없이 글로만 전할 때와 사진을 곁들여 전하는 경우에 독자에 대한 기사의 설득력에는 큰 차이가 있다. 이 경우 사진은 분명 좋은 의미에서의 영향력을 발휘한 경우에 해당할 것이다. 그러나 사진은 대상을 찍기 이전과 이후에 대해서 알려 주지 않는다. 어떤 과정을 거쳐 그 사진이 있게 됐는지, 그 사진 속에 어떤 속사정이 숨어 있는지에 대해서도 침묵한다. 분명히 한 장의 사진에는 어떤 인과 관계가 있음에 도 그것에 관해 자세히 설명해 주지 못한다. 이러한 서술성의 부족으로 인해 사진은 사람을 속이는 증거로 쓰이는 경우도 있다. 사기꾼들이 권력자나 얼굴이 잘 알려진 사람과 함께 사진을 찍어서, 자신이 그 사람과 특별한 관계가 있는 것처럼 보이게 하는 경우가 그 예이다.

① 사진은 신문 기사의 사실성을 강화시켜 주며 어떤 사실의 객관적 증거로도 쓰인다.
② 사진은 사실성의 강화라는 장점을 지니지만 서술성의 부족이라는 단점도 지닌다.
③ 사진은 신문 기사의 사실성을 더해 주는 보조 수단으로서의 영향력이 상당하다.
④ 사진은 사실성이 높기 때문에 사람을 속이는 증거로 잘못 쓰이는 경우가 있다.

✓해설 앞에서는 사진의 장점으로 '사실성의 강화'를 들고 있고, 뒤에서는 그 단점으로 '서술성의 부족'을 지적하고 있다. 따라서 ②가 중심 내용들을 바르게 파악하고 요약한 것에 해당한다.

19 다음 글의 주제문으로 가장 적절한 것은?

> 밤하늘에 떠서 세상을 비춰 주는 물체는 반드시 [달]이라고 불러야 할 필연적인 이유가 있는 것은 아니다. 만약 필연적인 이유가 있다면 어떤 언어에서나 '달'이라고 해야 할 텐데 그렇지 않기 때문이다. 영어에서는 [문]이라고 하고 스페인어에서는 [루나], 헝가리어에서는 [홀드], 일본어에서는 [쓰키]라고 한다. 그것은 마치 붉은 교통 신호등이 정지를 표시하는 것과 같다. 붉은 색이 정지를 뜻해야 할 필연적인 이유는 없다. 푸른색을 정지, 붉은 색을 진행 표시로 정해도 상관없다. 그것은 약속으로 통용되기만 하면 된다. 교통신호는 색깔로 진행이나 정지를 표시하지만, 언어는 말소리로 어떤 뜻을 전달하는 것이다. 말소리는 그릇과 같은 것이요, 뜻은 거기에 담긴 내용이다

① 언어는 자의적인 음성기호의 체계이다.
② 언어는 실천적 욕구의 소산이다.
③ 언어는 분절성과 불연속성을 가진다.
④ 언어는 끊임없이 생성, 발전하며 소멸된다.

✓해설 제시문은 [달]의 예를 들어 언어의 자의적 특성을 보여주고 있다. 언어의 자의성이란 언어의 형식과 의미가 이루고 있는 관계가 필연적이지 않다는 것을 말한다.

도덕이나 윤리는 원만한 사회 생활을 위한 지혜이며, 나를 포함한 모든 사람들을 위하여 매우 소중하고 보배로운 것이다. 그런데 우리 사회에는 윤리와 도덕을 존중하는 것이 오히려 손해를 보는 것이라는 인식이 널리 퍼져 있다. 사람들은 왜 도덕적 삶이 자신에게 손해를 가져온다고 생각하는 것일까?

첫째 이유는 그러한 주장을 하는 사람들의 계산법이 근시안적이기 때문이다. 당장 눈앞에 보이는 이해 관계만을 계산할 때 우리는 윤리를 존중하는 사람은 손해를 본다는 결론을 내리게 된다. 근시안적인 관점에서 눈에 보이는 이해 관계만을 눈여겨볼 때, 정직하고 성실한 사람은 손해를 본다는 인상을 받기 쉽다. 그러나 긴 안목으로 볼 때는, 정직하고 성실한 사람이 불행한 생애의 주인공이 된 경우보다는 부도덕하기로 소문난 사람이 말년을 비참하게 보낸 사례가 더 많을 것이다. _____㉠_____(이)라는 말이 언제나 적중한다고는 보기 어려우나 전혀 근거 없는 허사(虛辭)라고 보기는 더욱 어렵다.

둘째 이유는 우리 사회에 도덕률을 어기는 사람들이 너무나 많기 때문이다. 도덕률 또는 윤리가 삶의 지혜로서의 진가를 발휘하는 것은 대부분의 사회 성원이 그것을 준수할 경우이다. 대부분의 사람들이 도덕률을 실천으로써 존중할 경우에 나를 포함한 모든 사람들이 도덕률의 혜택을 입게 되는 것이며, 대부분의 사람들이 그것을 지키지 않고 소수만이 그것을 지킬 경우에는 도덕을 지키는 소수의 사람들은 피해자가 될 염려가 있다.

셋째 이유는 시대상 또는 사회상이 급변하는 과정에서 옛날의 전통 윤리가 오늘의 우리 현실에 적합하지 않을 경우도 많기 때문이다. 삶의 지혜로서의 윤리는 행복한 삶을 위한 행위의 원칙 또는 그 처방에 해당한다. 그 행위의 처방은 상황에 적합해야 하거니와, 시대상 또는 사회상이 크게 바뀌고 생활의 조건이 크게 달라지면, 행복을 위한 행위의 처방도 따라서 달라져야 할 경우가 많다. 그런데 우리가 윤리와 도덕성을 강조할 때 사람들의 머리에 떠오르는 것은 대체로 전통 윤리의 규범들이다. 그 전통 윤리의 규범 가운데는 현대의 생활 조건에 맞지 않는 것도 흔히 있으며, 오늘의 상황에 맞지 않는 윤리의 규범을 맹목적으로 지키는 사람들은 현대의 생활 조건에 적응하지 못하고 어려움을 겪게 된다. 이러한 경우에 '윤리를 지키는 사람은 손해를 본다.'라는 말이 나올 수 있는 여지가 생기는 것이다.

20 이 글의 중심 내용으로 가장 적절한 것은?

① 바뀌는 시대상과 도덕성의 관계
② 도덕적 삶이 손해라고 인식하는 까닭
③ 전통 윤리에 깃들어 있는 도덕적 가치
④ 손해를 무릅쓰고 도덕을 지켜야 하는 이유

> ✔해설 처음 문단에서 도덕적 삶을 손해라고 생각하는 인식이 널리 퍼지게 된 까닭이 무엇인지에 대해 문제를 제기하고, 이어지는 문단에서 그 이유를 밝히고 있다.

21 문맥상 ㉠에 들어갈 알맞은 한자 성어는?

① 사필귀정(事必歸正)

② 권선징악(勸善懲惡)

③ 적자생존(適者生存)

④ 선공후사(先公後私)

> ✔ 해설 ㉠의 바로 앞에 쓰인 문장은, 정직하고 성실한 사람이 말년에 비참하게 보내지 않을 확률이 더 높다는
> 뜻으로 해석할 수 있다.
> ① 사필귀정(事必歸正) : 모든 일은 반드시 바른길로 돌아감
> ② 권선징악(勸善懲惡) : 착한 일을 권장하고 악한 일을 징계함
> ③ 적자생존(適者生存) : 환경에 적응하는 생물만이 살아남고, 그렇지 못한 것은 도태되어 멸망하는 현상
> ④ 선공후사(先公後私) : 공적인 일을 먼저 하고 사사로운 일은 뒤로 미룸

22 다음 글의 주제문으로 가장 적절한 것은?

> 한 사람의 역사가가 객관적 진실성이 더 높은 사실(史實)을 뽑아 내기 위해서는 우선 그 시대가 필요로
> 하는 사실(史實)이 무엇인가를, 더 넓게 말하면 그 시대가 가진 역사적 요구가 무엇인가를 정확하게 파악
> 하는 노력이 필요하다. 모든 사물에 대한 가치관이 시대에 다라 달라질 수 있는 것과 같이 과거에 일어났
> 던 일에 대한 역사적 입장에서의 판단도 시대에 따라 달라지게 마련이며, 따라서 일단 사실로 선택 되었
> 던 일이 다른 시대의 현재적 요구에 의하여 사실(事實)로 떨어져 버리는 경우도 있으며 그 사실(史實)이
> 가지는 역사적 가치가 변화하는 경우도 있다.

① 역사가가 사실(史實)을 선정할 때 유의해야 할 점

② 역사에서 사실(史實)이 갖는 의의

③ 역사의 현재성이 갖는 의미와 중요성

④ 역사의 현재성에 대한 이해의 필요성

> ✔ 해설 제시된 지문은 역사사가 사실(史實)을 선정해야 할 때 유의해야 할 점을 언급하고 있다. 사실(史實)은
> 역사가와 시대에 따라 달리 선정될 수 있지만 역사가가 사실(史實)을 선정할 때에는 당대의 시대적 요
> 구가 무엇인가를 정확하게 파악하는 노력이 필요하다는 점을 강조하고 있다.

Answer 20.② 21.① 22.①

23 ⊙의 내용을 뒷받침 할 사례로 적절한 것은?

> 현실적인 불안은 바깥의 상황과 비례된 감정으로 일어나는 불안을 말한다. 화가 날 일이 있으면 이 화를 어떻게 조절할 것인가 때문에 불안하고, 욕하고 싶을 때 가슴이 두근거리거나 어려운 일이 발생했을 때 일이 손에 잡히지 않거나 중요한 시험 기간에 학생들이 노심초사하고 불안해하는 것은 모든 정상인에게 일어날 수 있는 불안이다. 말하자면 외부상황에 대한 적절한 불안 심리를 뜻한다. ⊙이런 불안은 오히려 사람들에게 신속성과 효율성을 증진시켜 생활을 활기차게 하고 유쾌함을 가져다 줄 수 있다. 이것이 그때 그때 해소되지 못하고 장기적으로 갈 때는 어려움이 있지만 대체로 도움이 된다.

① 회사에서 능력에 따라 차별적으로 성과급을 지급하는 제도를 도입해 사원들의 긴장감은 높아졌으나 회사의 매출은 크게 향상되었다.

② 개체수가 급격히 증가하는 모기를 박멸하기 위해 장구벌레를 죽이기 위한 살충제를 계곡에 살포했더니 다른 곤충들의 오히려 죽고 말았다.

③ 뒷산에 곧게 자라난 나무들은 모두 베어 건축물의 재료로 쓰였지만 구불하게 자라 쓸모없는 나무들은 오히려 천수를 누리게 되었다.

④ 선임에게 호되게 당한 김상병은 자신은 후임이 들어오면 잘해주겠다고 다짐했으나 더욱더 못되게 구는 자신의 모습을 보며 깜짝깜짝 놀라고 있다.

> ✔해설 ⊙의 사례는 저당한 현실의 불안은 오히려 삶을 유쾌하게 해준다는 것을 의미하므로 불안이 긍정적 요소로 작용하는 보기를 찾으면 된다.

24 다음 글을 통해 글쓴이가 주장하고 싶은 바는?

> 대체로 일본사람들이 책을 많이 읽는 것으로 알려졌다. 회사원에서 가정주부에 이르기까지 언제나 손쉽게 읽을 수 있는 책을 휴대하고 다닌다고 칭찬하는 경우가 많다. 그러나 그들이 읽고 있는 책은 기껏해야 생활정보, 교양도서, 중간소설 같은 것들이다. 그럼에도 불구하고 그런 책들을 계속해서 읽고 있는 국민과 학교 졸업과 동시에 손에서 책을 놓아버리는 국민 사이의 격차가 시간의 흐름과 더불어 회복하기 어려운 간극을 노정하게 됨은 불 보듯 뻔 한일이다.

① 문화에는 우열의 차이가 없다.
② 책을 읽지 않으면 뒤떨어지게 된다.
③ 문화는 그 나라의 민족성을 반영한다.
④ 가치 없는 정보는 읽지 말고 버려야 한다.

✔해설 글쓴이는 읽는 내용이 생활수준이나 교양수준에 불과한 것이라고 할지라도 끊임없이 책을 읽는 것이 책을 읽지 않는 것보다 더 낫다고 주장하고 있다.

25 다음 주어진 글과 일치하는 내용을 고르면?

핀테크(Fintech)는 Financial과 Technology의 합성어로, 금융과 IT가 결합된 산업 및 서비스 분야를 통칭한다. 해외에서는 소액 송금, 결제 등 사용자 편의성이 높은 서비스 중심으로 핀테크 관련 투자가 급증하는 추세이다. 해외 핀테크 시장은 활성화 단계로 영국은 정부 정책 및 금융사 지원에 힘입어 핀테크 강국으로 자리매김하고 있다. 영국 정부는 핀테크 지원을 위해 다양한 지원 정책을 추진하고 있으며 영국 연방의 핀테크 투자 건수는 2008년 이후 74%, 투자 규모는 51% 증가율을 보인다. 미국은 애플, 페이팔 등 플랫폼 사업자 주도로 핀테크 시장이 성장 중이며 특히 애플페이는 간편한 결제 방식으로, 미국 내 맥도날드 매장 모바일 결제의 50%를 점유하는 등 빠르게 확산하는 양상을 보인다. 중국의 알리바바는 10억 명의 중국 이용자를 바탕으로 펀드 판매 시장까지 서비스 영역을 확대하였고 머니마켓펀드(MMF)인 위어바오를 출시하여 1년 만에 5,740억 위안(101조 원)의 수익을 거두기도 했다. 반면 국내 핀테크 시장은 아직 걸음마 단계이다. 다음카카오는 결제서비스 카카오페이와 소액송금서비스 뱅크월렛카카오를 출시하는 등 플랫폼 사업자 중심으로 핀테크 서비스가 제공 중이나, 규모 면에서 미미한 움직임을 보이고 있다. 국내 핀테크 시장은 규모나 다양성 측면에서 급성장할 것으로 예상되며 향후 O2O(Online to Offline) 서비스와 연동한 간편 결제, 소액송금 서비스 등 다양한 서비스가 출시될 전망이다. 금융위의 규제 개선과 육성 정책이 본격화되면 핀테크 산업 규모는 더욱 성장할 것으로 예상된다. 경험을 갖춘 금융 기업과 기술력을 갖춘 IT 기업 간의 핀테크 시장 선점을 위한 경쟁이 치열해지고 금융권과 IT 기업 간 서비스 제휴로 시너지가 극대화되는 등 시장을 둘러싼 기존 금융기업과 IT기업 간 경쟁과 제휴가 본격화될 것으로 전망된다.

---

① 핀테크(Fintech)란 자금(Fund)과 기술(Technology)을 합성한 신조어다.
② 애플페이는 전 세계 맥도널드 매장 모바일 결제의 50%를 점유하고 있다.
③ 우리나라는 정부 정책 및 금융사 지원에 힘입어 핀테크 강국으로 자리매김하고 있다.
④ 금융기업과 IT기업 간의 핀테크 시장 선점을 위한 경쟁 및 제휴가 본격화될 것이다.

✔해설 ① 핀테크(Fintech)는 금융(Financial)과 기술(Technology)을 합성한 신조어다.
② 주어진 글을 통해서는 애플페이가 미국 내 맥도날드 매장 모바일 결제의 50%를 점유한다는 사실만 파악할 수 있다.
③ 국내 핀테크 시장은 아직 걸음마 단계로 향후 그 규모가 확대될 것으로 기대되고 있다.

Answer 23.① 24.② 25.④

26 이 글의 제목으로 가장 적절한 것은?

> 건축물을 한 채 앉히면 그 자리만큼의 자연이 훼손된다. 토지의 형태가 바뀌고, 나무가 잘리고, 꽃과 풀이 사라지는 걸 떠나 원래 있던 빈자리를 건축물이 차지함으로써 공간과 시선, 바람이 통하지 않는다. 이는 자연이 가진 강한 생명력을 잃는 것과 같다. 들쇠에 분합문을 걸어 들어올리면 문에 의해 막혔던 부분이 트여 공간과 시선, 바람이 통한다. 이와 같이 문에 의해 막혔던 공간을 원래 모습대로 통하게 하는 것을 '공간 환원(空間還元)'이라고 한다.
>
> 누(樓)는 아예 벽과 문을 설치하지 않아 공간의 생명력을 극대화한 건축물이다. 차이는 있지만 누는 기둥과 지붕, 바닥이 있을 뿐 벽과 문이 없다. 이런 이유로 자리는 차지하고 있지만 사방으로 트여 건축물이 없는 것과 똑같은 효과가 생긴다. 실(室)이 아닌 바닥과 지붕으로 한정된 트인 공간을 얻은 것이기 때문에 공간과 시선, 바람이 건축물이 없던 이전처럼 통하도록 되어 있다. 또한, 기둥과 지붕이 스크린 작용까지 함으로써 경관에 대한 미감을 증폭시키기도 한다. 이런 이유로 누에 벽을 세우고 문을 달면 본래 가졌던 시원스러운 성품을 잃게 된다. 문을 연다 해도 최초에 가졌던 강한 생명력―흐름―은 이미 상실한 상태이고, 벽에 의해 막힌 쪽으로는 공간과 시선, 바람이 통하지 않으므로 거의 죽은 것과 다름이 없다. 오늘날 많은 사찰에서 실을 얻기 위해 누에 벽을 세우고 문을 달고 있다. 이는 누가 가지고 있는 본래의 기능과 가치를 모르고 단순히 부족한 실을 얻기 위함이니 실로 안타까운 일이 아닐 수 없다. 다시 벽을 헐고 문을 떼었을 때, 누는 자연에 대한 열린 눈을 회복할 것이고 공간과 바람의 흐름도 회복할 것이다. 한국인의 자연관과 건축관이 가장 극명하게 드러나는 누는 한국인의 자연을 존중하고 자연에 순응하는 소박한 심성을 그대로 보여 주고 있다.

① 한국 고건축의 구조와 기능
② 한국 고건축의 예술적 가치
③ 한국 고건축의 예술적 아름다움
④ 한국 고건축에서 드러난 자연관

> ✔ 해설 끝 부분의 "한국인의 자연관과 건축관이 가장 극명하게 드러나는 누(樓)는 한국인의 자연을 존중하고 자연에 순응하는 소박한 심성을 그대로 보여 주고 있다."라고 말한 부분을 통해 주제를 드러내고 있으며 이를 반영한 내용으로 제목을 정해야 한다.

27 이 글의 주제로 가장 적절한 것은?

> 광고란 본래 상품을 선전하여 많이 팔 목적으로 만들어진다. 광고가 처음 등장했을 때에는, 상품이 어떤 용도로 사용되며 어떤 특징과 장점을 지녔는지를 주로 설명하였다. 그러나 오늘 날의 광고는 상품의 용도나 장점과 같은 사용 가치를 설명하는 데에만 그치지 않고 상품의 겉모습을 부각시켜서 소비자들의 욕구를 자극하고 있다. 이것은 상품의 사용 가치를 하나의 미끼로 던져 주고 상품의 겉모습을 통해서 승부를 걸겠다는 전략이라고 할 수 있다. 이 때문에 상품의 사용 가치 못지않게 상품의 겉모습이 중요해지고 있다. 실제로 오늘날 기업들은 별다른 변화도 없이 디자인만 변형시키거나 약간의 기능만을 추가하여 끊임없이 새 제품을 생산하고 있다. 이와 같은 미적 변형이나 혁신은 상품의 형태, 포장, 상표 등에까지 확장되었다. 광고에서 상품의 디자인이나 포장에 역점을 두고 있는 사실도 이런 맥락에서 이해해야한다.

① 광고 전략의 변화
② 광고의 사용 가치의 변화
③ 광고의 본질적 목적의 변화
④ 광고를 통한 소비자 의식의 변화

> ✔해설 광고가 처음 등장했을 때에는 상품의 사용 가치를 주로 설명하며 선전하는 방식을 사용했었는데 이제는 상품의 디자인이나 포장에 역점을 두어 선전하는 방식으로 그 전략이 변화하고 있다고 설명하는 것으로 보아 이는 곧 광고 전략이 변화하고 있음을 말한다.

28 다음 내용을 바탕으로 글을 쓸 때 그 주제로 알맞은 것은?

> • 경찰청은 고속도로 갓길 운행을 막기 위해 갓길로 운행하다 적발되면 30일 간의 면허 정지 처분을 내리기로 결정했다.
> • 교통사고 사망률 세계 1위라는 불명예는 1991년에 이어 1992년에도 계속되었다.
> • 교통사고의 원인으로는 운전자의 부주의와 교통 법규 위반의 비율이 가장 높다.
> • 교통 법규 위반자는 자신의 과실로 다른 사람에게 피해를 준다는 점에서 문제가 더욱 심각하다.
> • 우리나라는 과속 운전, 난폭 운전이 성행하고 있다. 이를 근절하기 위한 엄격한 법이 필요하다.

① 교통사고를 줄이기 위해서는 엄격한 법이 필요하다.
② 사고 방지를 위한 대국민적인 캠페인 운동을 해야 한다.
③ 교통사고의 사망률은 교통 문화 수준을 반영한 것이다.
④ 올바른 교통 문화 정착을 위해 국민적 자각이 요구된다.

> ✔해설 제시된 내용은 교통사고가 교통 법규를 제대로 지키지 않은 데서 발생하며, 이를 근절하기 위해 보다 엄격한 교통 법규가 필요함을 강조하고 있다.

Answer 26.④ 27.① 28.①

29 이 글에 대한 설명으로 적절하지 않은 것은?

> 인간 생활에 있어서 웃음은 하늘의 별과 같다. 웃음은 별처럼 한 가닥의 광명을 던져 주고, 신비로운 암시도 풍겨 준다. 웃음은 또한 봄비와도 같다. 이것이 없었던들 인생은 벌써 사막이 되어 버렸을 것인데, 감미로운 웃음으로 하여 인정의 초목은 무성을 계속하고 있는 것이다.
>
> 웃음에는 여러 가지 색채가 있다. 빙그레 웃는 파안대소가 있는가 하면, 깔깔대며 웃는 박장대소가 있다. 깨가 쏟아지는 간간대소가 있는가 하면, 허리가 부러질 정도의 포복절도 있다. 이러한 종류의 웃음들은 우리 인생에 해로운 것이 조금도 없다.
>
> 그러나 웃음이 언제나 우리를 복된 동산으로만 인도하는 것은 아니다. 남을 깔보고 비웃는 냉소도 있고, 허풍도 떨고 능청을 부리는 너털웃음도 있다. 대상을 유혹하기 위하여 눈초리에 간사가 흐르는 눈웃음이 있는가 하면, 상대방의 호기심을 사기 위하여 지어서 웃는 선웃음이라는 것도 있다.
>
> 사람이 기쁠 때 웃고 슬플 때 운다고만 생각하면 잘못이다. 기쁨이 너무 벅차면 눈물이 나고 슬픔이 극도에 이르면 도리어 기막힌 웃음보가 터지지 않을 수 없다. 이것은 탄식의 웃음이요, 절망의 웃음이다. 그러나 이것은 극단의 예술이요, 대체로 슬플 때 울고, 기쁠 때 웃는 것이 정상이요 일반적이 아닐 수 없다. 마음 속에 괴어 오르는 감정을 표면에 나타내지 않는 것으로써 군자의 덕을 삼는 동양에서는, 치자다소(痴者多笑)라 하여, 너무 헤프게 웃는 것을 경계하여 왔다. 감정적 동물인 인간으로부터, 희로애락(喜怒哀樂)을 불현어외(不顯於外)*하는 신의 경지에까지 접근하려는 노력과 욕구에서 오는 기우(杞憂)가 아니었을까.

① 웃음을 다양한 관점에서 고찰하고 있다.
② 웃음을 인격 완성의 조건으로 보고 있다.
③ 예리한 관찰과 비유적 표현이 나타나 있다.
④ 웃음의 의미를 삶과 관련지어 평가하고 있다.

✔해설 ② 감정을 표면에 드러내지 않는 것을 군자의 덕으로 생각하는 동양에서는, 헤프게 웃는 것을 경계해 온 사실에 대해 '기우(杞憂)'라고 표현한 것을 볼 때 웃음을 인격 완성의 조건으로 보고 있지 않다는 것을 알 수 있다.

30 다음 글의 내용과 일치하는 것은?

> 한국의 미술, 이것은 이러한 한국 강산의 마음씨에서 그리고 이 강산의 몸짓 속에서 벗어날 수는 없다. 쌓이고 쌓인 조상들의 긴 옛 이야기와도 같은 것, 그리고 우리의 한숨과 웃음이 뒤섞인 한반도의 표정 같은 것, 마치 묵은 솔밭에서 송이버섯들이 예사로 돋아나듯이 이 땅 위에 예사로 돋아난 조촐한 버섯들, 한국의 미술은 이처럼 한국의 마음씨와 몸짓을 너무나 잘 닮고 있다.
>
> 한국의 미술은 언제나 담담하다. 그리고 욕심이 없어서 좋다. 없으면 없는 대로의 재료, 있으면 있는 대로의 솜씨가 별로 꾸밈없이 드러난 것, 다채롭지도 수다스럽지도 않은 그다지 슬플 것도 즐거울 것도 없는 덤덤한 매무새가 한국 미술의 마음씨이다.
>
> 길고 가늘고 가냘픈, 그리고 때로는 도도스럽기도 하고 슬프기도 한, 따스하기도 하고 부드럽기도 한 곡선의 조화, 그 위에 적당히 호사스러운 무늬를 안고 푸르고 맑고 총명한 푸른빛 너울을 쓴 아가씨, 이것이 고려의 청자이다. 의젓하기도 하고 어리숭하기도 하면서 있는 대로의 양심을 털어놓은 것, 선의와 치기(稚氣)와 소박한 천성의 아름다움, 그리고 못생기게 둥글고 솔직하고 정다운, 또 따뜻하고도 희기만 한 빛, 여기에는 흰옷 입은 한국 백성들의 핏줄이 면면히 이어져 있다. 말하자면 방순한 진국 약주 맛일 수도 있고 털털한 막걸리 맛일 수도 있는 것, 이것이 조선 시대 자기의 세계이며, 조선 항아리의 예술이다.
>
> 한국은 과거의 나라가 아니다. 면면히 전통을 이어 온, 그리고 아직도 젊은 나라이다. 미술은 망하지도 죽지도 않았으며 과거의 미술이 아니라 아직도 씩씩한 맥박이 뛰고 있는 살아 있는 미술이다.

① 한국 미술은 자연미에 바탕을 두고 있다.
② 한국 미술의 전통이 현대에 와서 단절되었다.
③ 한국 미술의 우수성은 화려함에서 찾을 수 있다.
④ 한국 미술은 다른 나라의 미술에 비해 독창적이다.

✔해설 제시된 글은 자연미와 소박함에 바탕을 둔 한국 미술의 특징에 대해 쓴 글이다.

31 다음 글의 내용과 일치하지 않는 것은?

사람들이 지구 환경 보호를 위해 펼쳐 온 그 동안의 여러 활동들은 기존의 환경 정책을 전혀 변화시키지 못했다. 지금 진행되고 있는 기존의 환경 보호 활동의 문제는 다음의 세 가지로 압축할 수 있는데 첫째, 현재의 방식으로는 아무런 진전도 가져올 수 없다는 것에 대한 인식이 퍼지고 있다는 것과 둘째, 그 대신 해야 할 일이 무엇인가는 대체로 명확히 알려져 있으며, 셋째, 그럼에도 불구하고 실제로는 해야 할 아무 일도 하지 않고 있다는 점이다.

왜 그러한가? 다양한 이유가 있겠지만 그 중에서도 경제적인 이해(利害)관계에 얽힌 측면이 매우 강하게 작용하고 있다는 것은 주지의 사실이다. 환경 정책과 상반되는 경제적 이해(利害)가 얽혀 있어서 '개발과 보호'의 관점이 서로 맞서고 있는 것이다. 그러나 그것이 이유일 수는 없다. 환경 문제는 '누가 어떤 이해 관계를 가지고 있는가?'의 문제가 아니라, '왜 그러한 이해 관계가 유지되게 되었는가?'에 대한 근본적인 물음에 대한 해답이 먼저 나와야 할 문제이기 때문이다.

경제 발달과 함께 우리의 생존 조건에 대한 파괴가 진행되고 있음을 부인하는 사람은 없을 것이다. 인간의 이해 관계가 얽혀 인간이 인간답게 살 수 있는 길 즉, 우리가 생명으로 복귀하는 일은 점점 더 멀어져 감과 동시에 서서히 파멸에 이르는 길로 접어들고 있다.

이런 문제가 발생하게 된 근본적 요인은 인간의 자연에 대한 의식에서 비롯된다.

생명으로 복귀한다는 것은 다른 생명체들이 인간을 위해 존재하는 것이 아니라, 인간과 더불어 이 세상에 존재한다는 것을 인식한다는 것이다. 즉 각각의 생명체들이 자신만의 독특한 생활 공간을 필요로 하며, 인간 역시 이러한 다양한 생명체들 중의 하나로 자연 속에서 인간만의 독특한 생활 환경을 구성해 나가는 자연의 일부분이라는 점을 인식하는 것이다.

근대 산업사회를 거치면서 사람들은 이러한 사실을 오해하여 이 세상 전체가 인간의 생활 공간이라고 생각해왔다. 그래서 인간을 중심으로 인간의 환경만을 유일하게 존재하는 환경이라고 생각하고 그것만 보호하면 된다고 여겼다. 이런 생각 때문에 인간은 자연과의 관계에서 위기를 불러일으킨 것이다.

우리는 다른 생명체들의 환경이 갖는 개별성을 인정하지 않았기에 인간의 생활 공간 내에 그들의 생활 공간을 조금 내주었다. 자연 전체 속에서 인간 이외의 다른 생명체들의 고유한 감각과 가치를 보지 못하고 마치 그들이 우리 인간을 위해 존재해 온 것처럼 생각하고 행동해 왔다. 인간의 환경이라는 생각으로 세계가 단지 인간만을 위해 존재하는 것으로 보아 온 것이다. 그러기에 환경에 대한 개념 자체도 왜곡되었다. 지금까지의 환경 정책을 특징지어 온 이런 오류들로부터 벗어나기 위해서는 인간 세계 이외의 다른 세계 모두를 우리의 공생계(共生界)로 생각하고 이런 생각의 바탕 위에서 환경 문제를 다루지 않으면 안 된다.

① 경제 문제는 환경 문제와 밀접하게 관련되어 있다.
② 근대 산업 사회에 접어들면서 환경 파괴가 더욱 심해졌다.
③ 인간 이외의 다른 생명체들도 지구상에서 자신들의 생활 공간을 가질 권리가 있다.
④ 환경 보호를 위한 기존의 여러 활동들은 환경 정책을 변화시키는 데 크게 기여하였다.

> ✔해설 인간들이 환경 문제에 대해 많은 관심을 갖고 다양한 활동을 펼쳐 왔으나 기존의 여러 활동들이 환경 정책에 아무런 변화를 주지 못했음을 제시하고 이를 문제삼고 있다. 아울러 인간들이 해야 할 일이 밝혀졌지만 실제로 행하지 않고 있음을 첫째 단락에서 지적하고 있다.

32 다음 글에서 '루소'가 말하는 교육의 개념과 가장 일치하는 것은?

> 루소에 의하면, 자연 상태에서 인간은 필요한 만큼의 욕구가 충족되면, 그 이상 아무것도 취하지 않았으며, 타인에게 해악을 끼치지도 않았다. 심지어 타인에게 도움을 주려는 본능적인 심성까지 지니고 있었다. 그러나 인지(認知)가 깨어나면서 인간의 욕망은 필요로 하는 것 이상으로 확대되었다. 이 이기적인 욕망 때문에 사유 재산 제도가 형성되고, 그 결과 불평등한 사회가 등장하게 되었다. 즉 이기적 욕망으로 인해 인간은 타락하게 되었고, 사회는 인간 사이의 대립과 갈등으로 가득 차게 되었다.
> 이러한 인간과 사회의 병폐에 대한 처방을 내리기 위해 저술한 것이 「에밀」로서, 그 처방은 한마디로 인간에게 잃어버린 자연을 되찾아 주는 것이다. 즉 인간에게 자연 상태의 원초의 무구(無垢)함을 되돌려 주어, 선하고 자유롭고 행복하게 살 수 있는 사회를 만들게 하는 것이다. 루소는 이것이 교육을 통해서 가능하다고 보았다.
> 그 교육의 실체는 가공(架空)의 어린이 '에밀'이 루소가 기획한 교육 프로그램에 따라 이상적인 인간으로 성장해 가는 과정을 통해 엿볼 수 있다. 이 교육은 자연 상태의 인간이 본래의 천진무구함을 유지하면서 정신적·육체적으로 스스로를 도야해 가는 과정을 따르는 것을 원리로 삼는다. 그래서 지식은 실제 생활에 필요한 정도만 배우게 하고, 심신의 발달 과정에 따라 어린이가 직접 관찰하거나 자유롭게 능동적인 경험을 하도록 하는 것이다. 그럼으로써 자유로우면서도 정직과 미덕을 가진 도덕적 인간으로 성장해 나갈 수 있게 된다. 이것은 자연 상태의 인간을 중시하는 그의 인간관이 그대로 반영된 것이다.

① 교육은 지식의 습득을 목표로 한다.
② 교육은 국가의 백년지대계(百年之大計)이다.
③ 교육은 자아의 독립과 완전한 개성을 이루게 하는 것이다.
④ 교육은 특권을 주는 것이 아니라, 책임감을 부여하는 것이다.

> ✔해설 루소는 자연 상태의 인간이 본래의 천진무구함을 유지하면서 정신적, 육체적으로 스스로를 도야해 가는 것을 교육의 원리로 삼았다. 이러한 과정을 통해 자유로우면서도 정직과 미덕을 갖춘 도덕적 인간으로 성장해 나갈 수 있다고 보았다. 이것은 자유롭고 능동적인 경험을 통해 자아의 독립과 개성을 이루게 하려는 태도와 유사하다.

33 다음 제시된 글의 논지 전개 방법으로 적절한 것은?

영상 매체는 문자가 아닌 이미지의 언어로 이루어져 있다. 오늘날 영상 이미지의 사용은 점점 더 일반화 되고 있으며, 우리는 일상적으로 이미지를 사용하고 해독한다. 특히 매체의 영상은 언제 어디서나 흘러넘 치는 이미지로서 일상적 삶의 한 부분이 되어 버렸다. 그러나 이미지를 만드는 사람들은, 우리의 순진함 을 이용하여 우리를 조종하고 은밀히 자신의 의도를 주입시킬 수도 있다.

광고에서 펼쳐지는 이미지는 결코 현재 우리의 삶이 어떠한가를 말하지 않는다. 그보다는 상품을 구입할 경우, 달라질 세련되고 매력적인 미래의 삶에 대해 이야기한다. 처음에는 이러한 이미지를 자신의 미래 이미지로 받아들이지 않을지라도 반복해서 보게 되면 자신도 모르는 사이에 자연스럽게 광고 이미지 전체 를 자신의 미래 이미지로 받아들이게 된다. 이렇게 광고는 초라한 일상의 나에서 벗어나 환상적인 미래의 나로 변신하고 싶다는 욕망을 자극한다. 광고 속의 이미지가 현실을 왜곡하고, 보는 이의 욕망을 자극하 듯이 드라마나 영화도 마찬가지다. 드라마나 영화에 제시되는 삶의 모습 또한 현실의 삶을 있는 그대로 반영하기보다는 보는 이의 시선을 끌 만한 상황을 제시하는 경우가 많다. 또한 설정된 인물들의 성격이나 직업 등은 극적인 재미를 극대화하기 위해 현실 생활과는 다르게 왜곡되기 일쑤여서 시청자들로 하여금 편견을 갖게 한다. 문제는 이런 이미지에 길들여지면 이미지의 세계를 현실세계로 여기게 된다는 점이다. 드라마에서 어떤 배우가 한 머리 모양이 인기를 끌고 광고 카피가 속담이나 격언보다 위력을 떨치며, 영 화를 통한 모방 범죄 심리가 생기는 것도 이와 같은 이미지의 영향력때문이다. 그리하여 이미지 사회에서 는 사람들이 논리적이고 합리적인 사고를 통해 주체적인 삶을 살기보다는 이미지에 의해 연출된 삶을 감 각적으로 소유하고, 현실과 다른 환상적인 행복을 추구하는 경우도 많이 생기게 된다.

그렇다고 해서 이미지가 사람들로 하여금 환상적인 세계 속에 젖어들게 하여 현실을 망각하고 자신의 정 체성을 위협하는 위험성만 가지고 있는 것은 아니다. 이미지를 제대로 이해하고, 바르게 받아들인다면, 자유로운 상상력을 키워주는 긍정적인 기능도 있다. 이미지란 어떤 사건이나 대상을 구체적으로 보여주는 것이다. 이 과정에는 상상력이 절대적으로 필요하다. 특히, 비현실적인 것을 형상화한 이미지는 고도의 상상력을 거쳐 탄생하기 마련이며 이것을 보는 것만으로도 사고의 영역을 확대할 수 있다. 그리고 살아 있는 이미지는 기존의 선입견이나 고정관념을 바꿀 수도 있다.

이미지가 팽배한 시대를 살아가기 위해서는 범람하는 이미지의 흐름에 자신을 맡긴 채 내버려 둘 것이 아 니라, 이미지를 주체적으로 수용하는 자세가 무엇보다 중요하다. 우리는 이미지 속에 빠져드는 것이 아니 라 그것을 읽어 내야 한다.

① 예상되는 반론을 제기하고 논거를 들어 반박하고 있다.
② 다양한 이론을 소개한 후 새로운 대안을 제시하고 있다.
③ 가설을 제시하고 구체적인 자료를 통해 이를 검증하고 있다.
④ 대상을 대비적으로 분석한 후 올바른 수용 태도를 제시하고 있다.

> ✔ **해설** 제시문은 먼저 이미지의 개념을 정리한 후, 이미지의 긍정적인 측면과 부정적인 측면을 대비적으로 분 석하고, 마지막 단락에서 주체적으로 이미지를 수용할 것을 주장하고 있다. 즉, 대상을 대비적으로 분석 한 후 올바른 수용 태도를 제시하며 논지를 전개하고 있다.

34 다음 글에 대한 설명으로 적절하지 않은 것은?

요즘 시청자들은 자신도 모르는 사이에 간접 광고에 수시로 노출되어 광고와 더불어 살아가는 환경에 놓이게 되었다. 방송 프로그램의 앞과 뒤에 붙어 방송되는 직접 광고와 달리 PPL이라고도 하는 간접 광고는 프로그램 내에 상품을 배치해 광고 효과를 거두려 하는 광고 형태이다. 간접광고는 직접광고에 비해 시청자가 리모컨을 이용해 광고를 회피하기가 상대적으로 어려워 시청자에게 노출될 확률이 더 높다.

광고주들은 광고를 통해 상품의 인지도를 높이고 상품에 대한 호의적 태도를 확산시키려 한다. 간접 광고에서는 이러한 광고 효과를 거두기 위해 주류적 배치와 주변적 배치를 활용한다. 주류적 배치는 출연자가 상품을 사용·착용하거나 대사를 통해 상품을 언급하는 것이고 주변적 배치는 화면 속 배경을 통해 상품을 노출하는 것인데 시청자들은 주변적 배치보다 주류적 배치에 더 주목하게 된다. 또 간접 광고를 통해 배치되는 상품이 자연스럽게 활용되어 프로그램의 맥락에 잘 부합하면 해당 상품에 대한 광고 효과가 커지는데 이를 맥락효과라 한다.

① 간접 광고의 개념과 특성을 밝히고 있다.
② 간접 광고와 관련된 제도를 소개하고 있다.
③ 간접 광고를 배치 방식에 따라 구분하고 있다.
④ 간접 광고에 관한 이론의 발전 과정을 분석하고 있다.

✔해설 위 글에서 시대의 흐름에 따라 간접 광고와 관련된 제도의 변천과정을 소개하고 있으나 간접 광고에 관한 이론의 발전 과정을 분석적으로 제시하고 있지는 않다.

35 다음 글을 통하여 추리를 할 때, 이 글의 앞에 나왔을 내용으로 맞는 것은?

> 이처럼 가구당 월평균 소득이 늘어난 것은 지난해 신규 취업자가 43만 7천 명이나 늘어나면서 근로소득이 지난 20××년 보다 7.7% 증가한 것이 가장 큰 요인이 됐다. 그러나 물가상승을 감안한 실질소득은 3.8% 증가하는데 그쳤다.
>
> 이에 반해 지난해 우리나라의 가구당 월평균 소비 지출액은 245만 7천 원으로 지난 20××년 보다 2.7% 증가했다.
>
> 지난해 가계 소비지출은 월세와 연료비 증가 탓에 주거비가 5.5% 늘어나고 통신료까지 6.6%나 폭등했지만 교육비가 정부의 무상보육 확대와 대학 등록금 인하 등에 힘입어 2.1% 감소하면서 그나마 소비지출 증가폭을 줄였던 것이 다행이다. 우리나라 2인 이상 가구는 교육비로 한달 평균 28만 9천 원을 지출하고 있으며, 주거비는 25만 6천 원, 보건의료비 15만 9천 원, 통신비는 15만 2천원인 것으로 조사됐다.
>
> 이밖에 지난해 우리나라의 '비소비 지출액은 가구당 월평균 75만 9천 원으로 지난 20××년 보다 5.1% 증가했다. 이는 경상조세가 9.7%, 연금 8.4%, 사회보험 7.7% 등이 증가했기 때문이다.
>
> 결국, 지난해 우리나라 2인 이상 가구는 한달 평균 407만 7천원을 벌어들이고, 321만 6천원을 지출해 86만 원의 가계수지 흑자를 기록했다.

① 우리나라의 가구당 월평균 소비 지출액은 OECD 국가 평균 이하치이다.

② 지난해 우리나라 국민들은 소득은 늘었지만 지갑을 닫고 소비를 하지 않는 짠돌이 생활을 한 것으로 나타났다.

③ 월세와 연료비 증가가 된 가장 커다란 원인으로는 국제 유가의 상승이다.

④ 실질소득과 가구당 월평균 소비 지출액에는 관련이 없다.

> ✓**해설** 뒤따르는 내용을 전체적으로 종합하면서 화제를 제시하는 내용인 ②가 적합하다.

36 다음 글에 나타난 글쓴이의 태도로 적절한 것은?

삶을 수동적으로만 받아들이던 옛 사람이 아니더라도 구름의 모습에 관심을 가질 때, 그 구름이 갖는 어떤 상징을 느끼면, 고르지 못한 인생에 새삼 개탄을 하게 된다.

과학의 발달에 따라 인간의 이지(理智)가 모든 불합리성을 거부하게 되었다 할지라도, 이 '느낌'이란 것을 어찌할 수 없어, 우리는 지금도 달이라면 천체(天體) 사진을 통하여 본 달의 죽음의 지각(地殼)보다도, 먼저 계수나무의 환상을 머리에 떠올린다.

고도한 과학력은 또 인공운(人工雲)을 조성하여, 인공 강우까지도 가능케 하리라 한다. 그러나 인간의 의지로 발생한 인공 수정(人工受精)된 생명도 자연 생명과 같은 삶을 이어 갈 수밖에 없듯이, 인공으로 이루어졌다 하더라도 우리에게 오는 느낌은 자연운(自然雲)과 같은 허무(虛無) 그것일 뿐이다.

식자(識者)는 혹 이런 느낌을 황당하다고 웃을지 모르나, 그 옛날 나의 어린 정서를 흔들고 키워준 구름에서 이제 나이 먹어 지친 지금은 또 다른 의미를 찾고자 한다. 흐르는 물과 일었다 스러지는 구름의 모습은 나에게 가르치는 것이 많다고 생각하는 것이다. 물은 언제나 흐르되 그 자리에 있고, 항상 그 자리를 채우는 것은 같은 물이 아니듯이, 하늘에 뜬 구름 역시 일었다 스러지나, 같은 모습을 띄우되 같은 것은 아니라는 것 – 그리고 모든 것은 그렇게 있게 마련이라는 것을 깨우쳐 준다. 이런 상념은 체념이 아니고 달관(達觀)이었으면 하는 것이 이즈음의 나의 소망인 것이다.

① 자연과 일체가 되는 조화로운 삶을 살고자 한다.

② 자연을 스승으로 삼아서 인생의 교훈을 얻고자 한다.

③ 자연에 순응하지 않는 적극적인 삶의 태도를 갖고자 한다.

④ 인간이 만든 과학의 성과에 대해 비판적으로 생각하고 있다.

> **해설** 글쓴이는 구름을 통해 무상(無常)한 삶의 본질을 깨닫고, 달관하는 삶의 자세를 배우고 있음을 알 수 있다.

37 다음 글과 〈보기〉를 관련지어 이해한 내용으로 적절한 것은?

과거에는 일반 시민들이 사회 문제에 관한 정보를 얻을 수 있는 수단이 거의 없었다. 따라서 일반 시민들은 신문과 같은 전통적 언론을 통해 정보를 얻었고 전통적 언론은 주요 사회 문제에 대한 여론을 형성하는 데 강한 영향을 끼쳤다. 지금도 신문에서 물가상승문제를 반복해서 보도하면 일반시민들은 이를 중요하다고 생각하고 그와 관련된 여론도 활성화된다. 이처럼 전통적 언론이 여론을 형성하는 것을 '의제설정' 기능이라고 한다.

하지만 막강한 정보원으로 인터넷이 등장한 이후 전통적 언론의 영향력은 약화되고 있다. 그리고 인터넷을 통한 상호작용 매체인 소셜네트워킹서비스(SNS)가 등장한 이후 그러한 경향이 더 강화되고 있다. 일반 시민들이 SNS를 통해 문제를 제기하고 많은 사람들이 그 문제에 대해 중요하다고 생각하면 역으로 전통적 언론에서 뒤늦게 그 문제에 대해 보도하는 현상이 생기게 된 것이다. 이러한 현상을 일반 시민이 의제설정을 주도한다는 점에서 '역의제설정' 현상이라고 한다.

전통적 언론은 사회 문제 중에서 일부만을 골라서 의제로 설정한다. 역의제설정 현상은 전통적 언론에 의해 주도되는 의제설정의 치우침, 즉 편향성을 보완할 수 있다는 점에서 사회적으로 중요한 의미가 있다. 일반 시민들이 SNS를 통해 전통적 언론에서 다루지 않은 문제에 대래 논의거리를 제기하고 그에 대해 다른 사람들의 호응을 얻어 사회적으로 의미 있는 여론을 형성할 수 있게 된 것이다.

하지만 역의제설정현상이 긍정적인 면만 있는 것은 아니다. SNS에서는 진위여부가 검증되지 못한 내용을 토대로 여론이 형성되는 경우도 있다. 이 때문에 SNS를 통해 형성되는 여론은 왜곡되거나 변형될 위험이 있다. SNS에서 때로 괴담과 같은 비합리적인 정보가 마치 사실처럼 간주되고 널리 확산되어 사회적 물의를 일으키는 것도 이 때문이다.

SNS의 등장으로 모든 사람이 사회 문제에 관심을 가지고 그 문제에 대해 의견을 밝히면서 사회적으로 영향을 미칠 수 있게 되었다. 따라서 SNS 이용자는 정보의 수용자로서 선별력, 판단력을 갖추고 정보를 접해야하며, 정보의 제공자로서 여론 형성에 대한 책임 의식을 가지고 신중하게 행동해야 한다.

───── 〈보기〉 ─────

한 연구에서 SNS에서 활동하는 사람들을 분석한 결과, 단지 7.5%의 사람이 SNS 전체 정보의 75%를 생성하고 있다고 한다. 반면 22.5%의 사람은 한 번도 내용을 생성하지 않고 전달받은 정보를 보기만 하는 것으로 나타났다.

① SNS를 통해서 정보가 신속하게 전달된다는 점을 미루어 SNS가 점차 사회적 의제를 독점해 나갈 것이라 예상된다.

② SNS에서는 검증된 정보를 다루고 있다는 점으로 미루어 SNS에서 사회적 문제를 선별하고 있음을 알 수 있다.

③ SNS에서 소수가 대부분의 정보를 생성한다는 점을 미루어 SNS에서도 편향성이 발생할 수 있을 것이 예상된다.

④ SNS에서 불특정 다수의 활동이 활성화된다는 점으로 미루어 SNS 이용자들의 불만이 커질 것으로 예상된다.

✔ 해설 〈보기〉는 SNS 이용자들 중 소수만이 정보를 생성한다는 연구 결과이다. 이 글에서는 일반 시민들이 SNS를 통해 여론을 형성할 수 있는 영향력을 발휘할 수 있다고 하였으나 〈보기〉로 미루어 SNS에서도 전통적 언론과 같은 편향성이 발생할 수 있다는 점을 찾아서 비판할 수 있어야 한다.
① 소수만이 정보를 전달하므로 의제를 독점할 가능성은 낮다.
② 4문단에서 검증되지 않은 정보를 토대로 여론이 형성될 수 있다는 것을 드러내고 있다.
④ SNS 이용자들의 불만을 예상할 수 있는 내용은 언급되지 않았다.

38 다음 글의 내용으로 추론할 수 없는 것은?

기업의 규모가 점차 커지고 경영 활동이 복잡해지면서 전문적인 경영 능력을 갖춘 경영자가 필요하게 되었다. 이에 따라 소유와 경영이 분리되어 경영의 효율성이 높아졌지만, 동시에 기업이 단기 이익과 장기 이익 사이에서 갈등을 겪게 되는 일도 발생하였다. 주주의 대리인으로 경영을 위임받은 전문 경영인은 기업의 장기적 전망보다 단기 이익에 치중하여 경영 능력을 과시하려는 경향이 있기 때문이다. 주주는 경영자의 이러한 비효율적 경영 활동을 감시함으로써 자신의 이익은 물론 기업의 장기 이익을 극대화하고자 하였다.

오늘날의 기업은 경제적 이익뿐 아니라 사회적 이익도 포함된 다원적인 목적을 추구하는 것이 일반적이다. 현대 사회가 어떠한 집단도 독점적 권력을 행사할 수 없는 다원(多元) 사회로 변화하였기 때문이다. 이는 많은 이해 집단이 기업에게 상당한 압력을 행사하기 시작했다는 것을 의미한다. 기업이 이러한 다원 사회의 구성원이 되어 장기적으로 생존하기 위해서는, 주주의 이익을 극대화하는 것은 물론 다양한 이해 집단들의 요구도 모두 만족시켜야 한다. 그래야만 기업의 장기 이익이 보장되기 때문이다.

① 전문경영인과 주주의 이익은 항상 일치하는 것이 아니다.
② 현대 사회에서 많은 이익 집단은 기업에 영향력을 미친다.
③ 기업의 거대화와 복잡화가 진행되면서 소유와 경영이 분리되는 경우가 등장하였다.
④ 기업의 장기적인 이익을 위해 전문 경영인은 독점적 권력을 가져야 한다.

✔ 해설 ④ 기업의 장기적인 이익을 위해서는 다원 사회의 구성원으로 다른 집단과 공존해야 한다.

Answer 37.③ 38.④

39 다음 제시된 글의 내용과 일치하지 않는 것은?

어떤 집단에 속한다고 하는 것은 개인에게 중요한 의미를 지닌다. 예를 들어 어떤 가족, 모임, 직장 등에 속한다는 것은 경우에 따라서 개인들에게 긍정적인 영향을 미칠 수도 있고, 부정적인 영향을 미칠 수도 있다. 사람들은 대부분 다수의 집단에 속해 있으면서 다수의 지위를 동시에 차지하고 있다. 이렇게 소속된 집단이나 지위는 개인들에게 일정한 소속감이나 일체감을 갖게 한다. 물론 개인들이 속한 모든 집단이나 지위가 개인에게 동일한 영향을 미치고 동일한 의미를 부여하는 것은 아니다. 어떤 사람은 자신의 출신 집안을 중시하고, 어떤 사람은 출신 대학을 중시하고, 또 어떤 사람은 직업이나 직위를 중시한다. 이러한 집단이나 지위는 경우에 따라 거부감을 형성하기도 한다. 어쨌든 개인은 자신이 속한 집단이나 지위를 통해 다양한 감정과 의식을 형성하면서 '나는 누구이다.'라는 자의식을 갖게 되는데, 이런 감정과 의식의 총체를 '정체성'이라고 한다. 그러므로 소속이나 지위는 그에 따르는 소속감이나 '정체성'을 통해 개개인들의 삶에 영향을 미친다.

섬너(Sumner)는 개인의 소속 여부에 따라 집단을 내집단과 외집단으로 분류했다. 개인이 특정 집단에 소속되어 있다면, 그 집단은 그에게 내집단이 되며, 그렇지 않다면 그 집단은 외집단이 된다. 여기서 중요한 점은 특정 집단에 소속된 사람들끼리는 일정한 특성을 공유하며, 이에 따라 저절로 소속감을 가지게 된다는 것이다. 그래서 집단 성원들끼리는 '우리'라는 동질감을 가지게 되는데, 이런 의미에서 내집단은 '우리 집단'이라고도 한다. 그리고 반대로 외집단은 '그들 집단'이라고 한다. 내집단과 외집단의 구분은 한편으로는 동일한 집단에 소속된 성원들 사이에서 결속력을 강화하지만, 다른 한편으로는 성원들끼리 우월감을 느끼면서 외부의 사람들을 배타적으로 대할 경우 분파주의와 집단 이기주의를 유발할 수 있다. 예를 들면 국수주의, 인종 차별주의, 지역주의 등이 바로 이런 경우에 해당한다. 이러한 분파주의나 집단 이기주의가 심화되면 사회 전체적인 통합이 방해를 받는다고 보았다.

한편 머튼(Merton)은 개인이 소속된 집단이 개인의 행위에 어떻게 영향을 미치는지를 파악하기 위해, 개인이 자신의 행동 기준으로 중요시하는 집단에 주목할 필요가 있다고 보았다. 이를 위해 그는 '준거집단'이라는 개념을 사용하였다. 준거 집단이란 '한 개인이 자신의 신념, 태도, 가치 등을 규정하고 행동의 지침으로 삼기 위해 의지하는 집단이다. 머튼은 '준거 집단'을 둘로 나누어서 개인들에게 사고와 행위의 가치 기준이나 규범의 표준이 되는 경우를 '표준 준거 집단'이라고 하였고, 이것을 자신이 처한 상황을 비교하기 위해 기준으로 삼는 '비교 준거 집단'과 구별하였다.

① 개인이 소속되어 있는 집단을 내집단이라고 한다.

② 특정 집단에 소속된 사람은 일정한 특성을 공유한다.

③ 내집단과 외집단의 구분은 사회 통합에 방해가 될 수 있다.

④ 준거 집단은 만족감을 줄 수도 있지만 불만을 유발하기도 한다.

> ✔해설 ④ 제시문을 통해서는 파악할 수 없는 내용이다.
> ① 2문단에 제시된 내용이다.
> ② 2문단에 제시된 내용이다.
> ③ 2문단의 뒷부분에서 내집단과 외집단 구분의 장단점을 밝히는 과정에서 언급하였다.

40 다음 글에 드러난 논증 방식에 대한 설명으로 가장 적절한 것은?

> 붕당(朋黨)은 싸움에서 생기고, 그 싸움은 이해(利害)에서 생긴다. 이해가 절실할수록 당파는 심해지고, 이해가 오랠수록 당파는 굳어진다. 이것은 형세가 그렇게 만드는 것이다. 어떻게 하면 이것을 밝힐 수 있을까?
>
> 이제 열 사람이 모두 굶주리다가 한 사발의 밥을 함께 먹게 되었다고 하자. 그릇을 채 비우기도 전에 싸움이 일어난다. 말[言]이 불손하다고 꾸짖는 것을 보고 사람들은 모두 싸움이 '말'때문에 일어났다고 믿는다. 다른 날에 또 한 사발의 밥을 함께 먹다 그릇을 채 비우기도 전에 싸움이 일어난다. 태도가 공손치 못하다고 꾸짖는 것을 보고 사람들은 모두 싸움이 '태도'때문에 일어났다고 믿는다. 다른 날에 또다시 같은 상황이 벌어지면 이제 행동이 거칠다고 힐난하다가, 마침내 어떤 사람이 울화통을 터뜨리고 여럿이 이에 시끌벅적하게 가세한다. 시작은 대수롭지 않으나 마지막에는 크게 된다.
>
> 이것을 또 길에서 살펴보면 이러하다. 오던 자가 어깨를 건드리면 가던 자가 싸움을 건다. 말이 불손하고, 태도가 사나우며, 행동이 거칠다하여 그 하는 말은 끝이 없으나 떳떳하게 성내는 것이 아닌 것은 한 사발의 밥을 함께 먹다 싸울 때와 똑같다.
>
> 이로써 보면 싸움이 밥 때문이지, 말이나 태도나 행동 때문에 일어나는 것이 아님을 알 수 있다. 이해의 연원이 있음을 알지 못하고는, 그 잘못됨을 장차 고칠 수가 없는 법이다. 가령, 오늘은 한 사발의 밥을 먹다 싸웠으되 내일에는 각기 밥상을 차지하고 배불리 먹게 하여 싸우게 되었던 원인을 없앤다면, 한때 헐뜯고 꾸짖던 앙금이 저절로 가라앉아 다시는 싸우는 일이 없게 될 것이다.
>
> 나라의 붕당도 이와 다를 게 무엇인가, 처음에는 한 사람의 선하고 악한 것, 또는 한 가지 일의 경중(輕重)에 대해서 마음으로 좋지 않게 생각하고 입으로 비방하는 데 지나지 않는다. 이런 것은 얼마나 하찮은 일인가. 그러나 조정에서는 서로 피 튀기며 싸우고, 조정 밖에서는 으르렁거리는 것이 마치 군령(軍令)도 없이 사람마다 싸움터에서 후퇴할 줄 모르는 것과 같이 하니 도대체 왜 그러한가?

① 일반적인 전제에서 출발하여 구체적인 결론을 이끌어 내고 있다.

② 비판하고자 하는 대상을 유사한 상황에 빗대어 결론을 이끌어 내고 있다.

③ 구체적인 사례를 바탕으로 일반화의 과정을 거쳐 결론을 이끌어 내고 있다.

④ 상호 대립적인 두 대상을 견주어 문제 상황의 바람직한 대안을 이끌어 내고 있다.

> **해설** 제시문에서 글쓴이는 '밥그릇 싸움'과 '길에서의 싸움'이라는 상황에 빗대어 붕당의 원인이 이해관계에 있다는 결론과 그에 대한 해결 방안을 이끌어 내고 있다.
> ① 제시문은 첫 문단에서 글쓴이의 결론을 먼저 제시하고 있으므로 '대전제 – 소전제 – 결론'에 이르는 일반적인 연역추론의 단계와는 거리가 멀다.
> ③ 제시된 '밥그릇 싸움'과 '길에서의 싸움'을 구체적 사례로 볼 수는 있지만 이를 일반화하는 과정은 나타나지 않는다.
> ④ 제시문에서는 대립적인 견해는 제시되지 않았다.

Answer 39.④ 40.②

41 다음 글을 통해 파악할 수 있는 내용으로 알맞은 것은?

> 아테네의 지도자였던 페리클레스는 밀레토스 최후의 철학자 아낙시메네스의 문하생인 아낙사고라스를 아테네로 데려왔는데 그는 전형적인 이오니아의 전통을 이어받은 철학자로서 피타고라스학파가 주장하였던 것과는 달리 지구는 원주형이며 신성한 것이 아니라고 믿었다. 그는 자석이 철을 끌어당기는 것은 영혼이 있기 때문이라고 생각하였으므로 이를 일반화하여 모든 운동은 정신 또는 넋의 작용이라고 주장하였으며, 달은 반사광으로 반짝거리고 월식이 지구의 그림자 때문이라고 주장한 최초의 사람이었다.
>
> 소크라테스의 시대에는 기술이나 자연철학은 무시당하고 있었으며, 철학자가 하여야 할 일은 인간과 사회의 질서를 바로잡는 것이었지 자연계를 이해하거나 지배하는 일이 아니었다. 소크라테스는 천문학은 시간의 낭비라고 여겼으며, 자연철학보다는 윤리적, 정치적 문제를 연구하였다. 이러한 전통은 그의 제자들에게 이어져 플라톤은 자신의 정치학적, 신학적 견해와 조화를 이루며 그것에 종속될 수 있는 자연철학을 주장하였으며 피타고라스 학파의 견해를 수용하였다. 플라톤은 원자론에 반대하였고 혼돈에서 질서로, 즉 지적 존재인 신이 합리적인 계획에 의해 세계를 체계화함으로써 혼돈 속에 있던 우주의 질서를 바로잡았다고 주장하였다.
>
> 아리스토텔레스는 그리스의 과학 사상의 전환기를 이루는 철학자이다. 그는 세계를 하나의 체계로 형상화한 최후의 철학자이면서 광범위한 경험적 연구를 시도한 최초의 과학자였다. 천문학에서는 제5의 원소인 에테르로 이루어져 있는 영원불변의 천계와 생성소멸의 지상을 주장하였다.

① 플라톤은 철인정치와 이데아론을 주장하였다.
② 피타고라스학파는 지구의 원형이 신성한 것이라고 주장하였다.
③ 이오니아 전통과 플라톤의 사상 사이에는 상반된 점이 존재한다.
④ 그리스의 과학은 아리스토텔레스에 이르러 최고의 절정기를 맞는다.

> **✓해설** ③ 플라톤은 피타고라스 학파의 견해를 수용하였다.
> ① 제시되지 않은 내용이다.
> ② 피타고라스학파의 주장은 확인할 수 없다.
> ④ 최고의 절정기와 관련된 내용이 제시되지 않았다.

42 다음 글에서 추론할 수 있는 내용으로 적절하지 않은 것은?

> '옵션(option)'이라면 금융 상품을 떠올리기 쉽지만, 알고 보면 우리 주위에는 옵션의 성격을 갖는 현상이 참 많다. 옵션의 특성을 잘 이해하면 위험과 관련된 경제 현상을 이해하는 데 큰 도움이 된다.
>
> 옵션은 '미래의 일정한 시기(행사 시기)에 미리 정해진 가격(행사 가격)으로 어떤 상품(기초 자산)을 사거나 팔 수 있는 권리'로 정의된다.
>
> 상황에 따라 유리하면 행사하고 불리하면 포기할 수 있는 선택권이라는 성격 때문에 옵션은 수익의 비대칭성을 낳는다. 즉, 미래에 기초 자산의 가격이 유리한 방향으로 변화하면 옵션을 구입한 사람의 수익이 늘어나게 해 주지만, 불리한 방향으로 변화해도 그의 손실이 일정한 수준을 넘지 않도록 보장해 주는 것이다. 따라서 이 권리를 사기 위해 지급하는 돈, 즉 '옵션 프리미엄'은 이러한 보장을 제공받기 위해 치르는 비용인 것이다.
>
> 옵션 가운데 주식을 기초 자산으로 하는 주식 옵션의 사례를 살펴보면 옵션의 성격을 이해하기가 한층 더 쉽다. 가령, 2년 후에 어떤 회사의 주식을 한 주당 1만 원에 살 수 있는 권리를 지금 1천 원에 샀다고 하자. 2년 후에 그 회사의 주식 가격이 1만 원을 넘으면 이 옵션을 가진 사람으로서는 옵션을 행사하는 것이 유리하다. 만약 1만 5천 원이라면 1만 원에 사서 5천 원의 차익을 얻게 되므로 옵션 구입 가격 1천 원을 제하면 수익은 주당 4천 원이 된다. 하지만 1만 원에 못 미칠 경우에는 옵션을 포기하면 되므로 손실은 1천 원에 그친다. 여기서 주식 옵션을 가진 사람의 수익이 기초 자산인 주식의 가격 변화에 의존함을 확인할 수 있다. 회사가 경영자에게 주식 옵션을 유인책으로 지급하는 것은 바로 이 때문이다. 이 경우에는 옵션 프리미엄이 없다고 생각하기 쉽지만, 경영자가 옵션을 지급 받는 대신포기한 현금을 옵션 프리미엄으로 볼 수 있다.

① 옵션은 손해는 일정하지만 이익은 제한이 없는 수익의 비대칭성을 보인다.

② 옵션을 소유한 사람은 미래 주가의 수준에 따라 권리 행사 여부를 선택할 수 있다.

③ 경영자가 옵션을 받을 경우 주가에만 집착할 수 있으므로 주주들의 감시도 필요하다.

④ 주식 가격이 옵션 소유자가 권리를 행사할 수 있는 가격과 같은 순간부터 실질적 이익이 발생한다.

> ✔**해설** 주식 가격이 옵션 소유자가 권리를 행사할 수 있는 가격과 같은 순간부터 이익이 발생하는 것은 아니다. 옵션 소유자가 옵션을 받는 대신 지불한 비용 즉, 옵션 프리미엄이 있기 때문이다. 예를 들어 경영자가 자신의 연봉 2,000원을 대신하여 1년 후 회사의 주식을 10,000원에 살 수 있는 옵션을 받았다고 하자. 1년 후 주식 가격이 11,000원일 경우 옵션을 행사하면 1,000원의 차익을 얻을 수 있지만 옵션 소유자는 1년 전에 이미 옵션 프리미엄 2,000원을 지불하였으므로 전체적으로는 1,000원의 손해를 본 것이나 다름없다.

43 다음 제시문에서 글쓴이가 주장하는 바와 가장 일치하는 것은?

> 비행기는 하늘을 나는 새와 바다 속을 유영하는 물고기를 보고 모양새를 창안해 냈다고 한다. 최초의 비행기는 새를 모방함으로써 하늘을 날 수 있게 되었다. 그러나 비행기의 엔진이 점차 강력해짐에 따라 새의 날개가 지닌 양력(揚力)쯤은 별로 중요하지가 않게 되었다. 초보 단계의 비행기 설계에서는 어떻게 바람의 힘을 이용하는가 하는 문제가 커다란 과제였지만, 더 발달된 비행기에서는 어떻게 바람의 영향을 덜 받고 날 수 있는가 하는 문제가 중요한 과제로 부각되었던 것이다. 이때 비행기는 오징어의 추진 원리를 응용했다. 오징어는 힘차게 물을 분사하여 얻어진 힘으로 물살을 가르고 나아가는데, 이것을 본떠서 비행기의 날개를 좀 더 작게 만들어 뒤쪽에 다는 방식으로 디자인의 진보가 이루어졌다. 비행기를 만들 때에는 하늘에 떠 있어야 한다는 대전제에 충실해야 하므로, 모양새보다는 기능에 충실해질 수밖에 없었다. 따라서 비행기의 작은 날개조차도 철저하게 기능 위주로 설계된 것이다. 그렇다고 해서 현재의 비행기의 모양새가 형편없는 것은 아니다. 오히려 비행기는 모양새를 무시하고 철저하게 기능에 충실함으로써 독특하고 아름다운 디자인을 얻었다. 유행에 현혹되지 않고 효율성을 추구하면서도 가장 단순하고 세련된 형태를 낳은 경우라고 할 수 있다.
>
> 반면 자동차는 두 마리의 말이 끄는 마차의 모양새를 모방하여 제작되었다고 한다. 우리는 운전자의 자리가 앞쪽에 있으며 앞좌석에는 두 사람만 앉아야 한다는 것을 당연한 것으로 생각하지만, 꼭 이런 구조만 가능한가에 대해서는 의문의 여지가 남는다. 혹 이러한 생각 속에 자동차를 쌍두(雙頭) 마차의 일종으로 보는 선입견이 개입되어 있는 것은 아닐까. 어느 디자인 연구가는 자동차의 디자인이 마차시대의 관습과 유행에 얽매이고 말았다고 비판하였다. 그는 자동차의 전조등이 둘이라는 것, 운전석이 앞좌석의 한쪽에 치우쳐 있다는 것도 마차 시대의 산물이라고 주장한다. 사실 좌우를 잘 보기 위해서라면, 자동차의 눈이 양 옆에도 붙어 있어야 할지도 모른다. 또한 현대의 조명 기술 정도면 전조등을 한 개의 평면광선으로 처리하고 운전자의 눈을 현혹시키지 않는 정도에서 노상(路上)의 필요한 곳만 비출 수 있을지도 모른다. 그러나 현재의 자동차 디자이너들은 이러한 기본적인 문제를 검토하고 있는 것 같지는 않다. 예컨대 자동차가 마차를 모방하는 경우에도 차라리 쌍두마차 대신 사두(四頭) 마차를 모방했더라면, 운전자는 자동차 앞부분의 좀 더 높은 자리에 앉아 앞과 옆을 잘 보면서 핸들을 잡을 수도 있지 않았을까. 그러나 자동차가 사두마차의 구조를 빌려 온 예는 아직 보지 못했다.

① 기존의 대상과는 차별화되는 독특한 디자인을 추구해야 한다.
② 자연계의 생명체와 가장 흡사한 형태의 디자인을 추구해야 한다.
③ 자연의 지혜를 고려하여 기능에 충실한 디자인을 추구해야 한다.
④ 반드시 필요한 기능들로만 이루어진 소박한 디자인을 추구해야 한다.

> ✔해설 ③ 제시문에서 글쓴이의 주장은 첫 문단에 집약되어 있다고 볼 수 있다. 따라서 첫 문단에서 언급한 자연을 모방한 디자인, 기능에 충실한 디자인을 포함하여 글쓴이의 주장을 정리해야 한다.
> ① 글쓴이의 주장과는 거리가 멀다.
> ② 글쓴이는 자연을 모방하는 것이 바람직하다고 생각하고 있지만 그 형태가 반드시 흡사해야 한다는 것은 아니므로 적절하지 않다.
> ④ 기능에 충실한 것이 최소한의 기능으로 축소한 이른바 '미니멀리즘'을 의미하는 것은 아니므로 적절하지 않다.

44 다음 제시된 내용을 미루어 볼 때 ㉠에 들어갈 내용으로 가장 적절한 것은?

공기 중에서 물질이 열을 받아 연소하는 현상은 두드러지는 화학 현상 중의 하나이다. 그것은 18세기 중엽까지 '플로지스톤(phlogiston) 이론'을 통해 설명되었다. 기름이나 나무와 같은 가연성 물질은 모두 '플로지스톤'이라는 성분을 포함하고 있는데 가연성 물질이 연소될 때에는 플로지스톤이 빠져나오게 된다는 것이 이 이론의 핵심이다. 이 이론은 연소뿐만 아니라 금속이 녹스는 현상도 금속에서 플로지스톤이 빠져나오는 것으로 설명했다. 일상적인 경험에 비추어 보면 플로지스톤 이론은 매우 그럴듯해 보인다. 나무나 석탄이 타고 나면 원래 있었던 물질은 거의 없어지고 재만 남기 때문에 무언가가 빠져나가는 것으로 생각하기 쉽다.

라부아지에는 1772~1774년에 정밀한 실험을 통해 오늘날과 같은 연소 이론을 정립하여 플로지스톤 이론이 잘못되었음을 밝혔다. 그는 생성되는 기체의 무게까지 고려함으로써 금속이 하소(煆燒)하거나 비금속 물질이 연소할 때 무게가 증가한다는 사실을 밝혀냈으며, 수은을 가열하여 수은 금속재를 만드는 실험을 통해 수은이 공기의 특정한 부분과 결합한다는 사실을 알아냈다. 이러한 실험 결과는 라부아지에에게 매우 흥미로운 것이었지만 그것을 해석하는 일은 쉽지 않았다.

비슷한 시기에 영국의 화학자인 프리스틀리 역시 '새로운 공기'에 대한 실험을 하였다. 그는 수은 금속재를 매우 높은 온도로 가열하여 수은 금속과 '새로운 공기'를 얻어 냈던 것이다. 프리스틀리는 자신의 실험 내용을 플로지스톤 이론을 통해 설명했다. 그는 수은 금속을 얻는 동안에 생성된 '새로운 공기'는 전체 공기 중에서 플로지스톤이 빠져나가고 남은 부분에 해당할 것이기 때문에 이 '새로운 공기'를 '플로지스톤이 없는 공기'라고 이름 붙였다.

라부아지에는 프리스틀리가 말한 '플로지스톤이 없는 공기'가 자신이 찾던 새로운 기체라는 것을 알게 되었고, 실험을 통해 이를 확인하였다. 그리고 그는 그 기체가 비금속 물질과 반응해서 산(酸)을 만든 다는 사실을 발견한 후 '산을 만드는 원소'라는 뜻에서 그 기체에 '산소'라는 이름을 붙였다. 라부아지에에 의해 연소와 하소는 물질이 산소와 결합하는 현상임이 밝혀진 것이다. 그런데 새로운 연소 이론이 만들어지는 과정에서 우리는 흥미로운 점을 발견할 수 있다. 그것은 바로 라부아지에와 프리스틀리가 [㉠   ].

① 실험 결과보다는 실험 과정의 문제점에 주목했다는 점이다.
② 협력을 통해 상대방의 견해를 보완하고 발전시켰다는 점이다.
③ 동일한 실험 결과를 두고 서로 다른 방식으로 해석했다는 점이다.
④ 기존 견해에 대한 부정을 통해 이론을 정립하고자 했다는 점이다.

✔해설 '라부아지에는 프리스틀리가 말한 '플로지스톤이 없는 공기'가 자신이 찾던 새로운 기체라는 것을 알게 되었고, 실험을 통해 이를 확인하였다.'라는 내용을 통해, 라부아지에는 프리스틀리와 동일한 결과의 실험을 하였음을 알 수 있다. 그런데 프리스틀리의 경우 자신의 실험 결과를 플로지스톤 이론에 바탕으로 두고 해석한 것과는 달리 라부아지에는 연소 현상이 플로지스톤에 의해서 생기는 것이 아니라 물질이 산소와 결합하는 현상이라는 것을 정량적 방법을 통해 밝혀냈다. 따라서 두 사람은 동일한 실험 결과를 서로 다른 방식으로 해석하였음을 알 수 있다.

Answer 43.③ 44.③

45 윗글의 서술 방식으로 가장 적절한 것은?

> 사람들은 누구나 정의로운 사회에 살기를 원한다. 그렇다면 정의로운 사회는 무엇일까? 이에 대해 철학자 로버트 노직과 존 롤스는 서로 다른 견해를 보인다.
>
> 자유지상주의자인 노직은 타인에게 피해를 주지 않는 한 개인의 모든 자유가 보장되는 사회를 정의로운 사회라고 말한다. 개인이 정당하게 얻은 결과를 온전히 소유할 수 있도록 자유를 보장하는 것이 정의라는 것이다. 따라서 개인의 소유에 대해 국가가 간섭하는 것은 소유권이라는 개인의 자유를 침해하는 것이기 때문에 정의롭지 못하다고 주장한다. 그렇게 때문에 노직은 선천적인 능력의 차이와 사회적 빈부 격차를 당연한 것으로 본다. 따라서 복지 제도나 누진세 등과 같은 국가의 간섭에 의한 재분배 시도에 대해서는 강력하게 반대한다. 다만 빈부격차를 해소하기 위한 사람들의 자발적 기부에 대해서는 인정한다.
>
> 롤스는 개인의 자유를 보장하면서도 사회적 약자를 배려하는 사회가 정의로운 사회라고 말한다. 롤스는 정의로운 사회가 되기 위해서는 세 가지 조건을 만족해야 한다고 주장한다. 첫 번째 조건은 사회 원칙을 정하는 데 있어서 사회 구성원 간의 합의 과정이 있어야 한다는 것이다. 이러한 합의를 통해 정의로운 세계의 규칙 또는 기분이 만들어진다고 보았다. 두 번째 조건은 사회적 약자의 입장을 고려해야한다는 것이다. 롤스는 인간의 출생, 신체, 지위 등에는 우연의 요소가 많은 영향을 미칠 수 있다고 본다. 따라서 누구나 우연에 의해 사회적 약자가 될 수 있기 때문에 사회적 약자를 차별하는 것은 정당하지 못한 것이 된다. 마지막 조건은 개인이 정당하게 얻은 소유일지라도 그 이익의 일부는 사회적 약자에게 돌아가야 한다는 것이다. 왜냐하면 사회적 약자가 될 가능성은 누구에게나 있으므로 자발적 기부나 사회적 제도를 통해 사회적 약자의 처지를 최대한 배려하는 것이 사회 전체로 볼 때 공정하고 정의로운 것이기 때문이다.
>
> 노직과 롤스는 이윤 추구나 자유 경쟁 등을 허용한다는 면에서는 공통점을 보인다. 그러나 노직은 개인의 자유를 중시하여 사회적 약자의 자연적·사회적 불평등의 해결을 개인의 신택에 맡긴다. 반면에 롤스는 개인의 자유를 중시하는 한편, 사람들이 공정한 규칙에 합의하는 과정도 중시하며 자연적·사회적 불평등을 복지를 통해 보완해야 한다고 주장한다. 롤스의 주장은 소수의 권익을 위한 이론적 틀을 제시했으며 평등의 이념을 확장시켜 복지 국가에 대한 이론적 근거를 마련했다고 할 수 있다.

① 두 견해가 서로 인과 관계에 있음을 논증하고 있다.

② 상반된 견해에 대하여 절충적 대안을 제시하고 있다.

③ 하나의 논점에 대한 두 견해를 소개하면서 비교하고 있다.

④ 어떤 이론이 다양하게 분화하는 과정을 보여 주고 있다.

> ✔ **해설** 제시된 지문은 '1문단 – 논제제시, 2문단 – 노직의 정의에 대한 주장, 3문단 – 롤스의 정의에 대한 주장, 4문단 – 노직의 주장과 롤스의 주장의 공통점과 차이점'으로 구성되어 있다.

46 다음 제시된 글의 내용과 일치하지 않는 것은?

> 아이비콘은 BLE(Bluetooth Low Energy)를 활용한 근거리 데이터 통신 기술로, 근접도 측위를 바탕으로 사물 및 상황인식, 콘텐츠 푸시, 실내위치 측위, 자동 체크인, 지오펜싱(GeoFencing) 등 다양한 응용 서비스를 가능하게 한다. 이전 유사 기술과 비교하면 보다 편리하고, 적은 비용으로 제공 가능하기 때문에 새로운 서비스 시장 형성에 촉매제 역할을 하고 있다. 전통적인 의미에서의 비콘은 어떤 신호를 알리기 위해 주기적으로 전송하는 기기를 모두 의미한다. 따라서 등대나 봉화 같은 것도 전통적인 의미에서는 모두 비콘에 포함된다고 할 수 있다. 이러한 비콘의 개념은 현대에 이르러 IT 기술과 만나 보다 확장되고, 일상 깊숙이 들어왔다. 비콘은 신호를 전송하는 방법에 따라 사운드 기반의 저주파 비콘, LED 비콘, 와이파이 비콘, 블루투스 비콘 등으로 나눌 수 있다. 아이비콘은 비콘의 전통적인 개념만 따왔을 뿐 기술적으로는 기존의 비콘과는 많이 다르다. 아이비콘은 BLE 4.0의 애드버타이징 패킷(Advertising Packet) 전송 표준을 활용, 이를 iOS 기기에 적용한 것이다. 아이비콘 장치의 비콘 신호 영역 안에 iOS 기기를 소지한 사람이 들어오면 해당 애플리케이션에 신호(Beacon)를 보내게 된다. 예를 들어 특정 상점 근처를 지나갈 때 상점에 설치된 비콘이 할인 쿠폰을 보내준다거나 박물관에서 특정 전시물 앞에 가면 관련된 내용을 iOS 기기로 보내주는 식이다. 이때 신호 송수신에 쓰이는 데이터 통신 프로토콜이 BLE의 표준 규격을 준수하기 때문에 BLE 4.0을 지원하는 단말이라면 iOS 기기가 아니더라도 모두 지원 가능한 확장성을 가지게 됐다. 이를 아이비콘 컴퍼터블(Compatible)이라고 한다. 이런 이유로 아이비콘 신호를 안드로이드 기기에서도 받을 수 있다.

① 현대에 이르러 비콘 기술의 개념은 보다 확장되고 일상에 밀착된 형태를 보인다.
② 어떤 신호를 알리기 위해 주기적으로 전송하는 기기는 전통적 의미의 비콘에 포함된다.
③ 아이비콘은 비콘의 전통적인 개념만 차용했을 뿐 기술적으로는 다른 양상을 보여주고 있다.
④ BLE 4.0을 지원하는 단말이라도 안드로이드 기기일 경우 아이비콘 신호를 받는데 제약을 받는다.

> ✔해설 표준 규격을 준수하므로 BLE 4.0을 지원하는 단말이라면 iOS 기기가 아니더라도 모두 지원 가능한 확장성을 가지게 됐다. 따라서 아이비콘 신호를 안드로이드 기기에서도 받을 수 있다.

|47~48| 다음 글을 읽고 물음에 답하시오.

이것은 퍽 우려할 일이다. 즉, 위에서 현대 사회의 중요한 문제들에 접해서 많은 선택과 결정을 내려야 할 사람들이 이들 문제의 바탕이 되는 과학의 내용을 이해하기는커녕, 접근하기조차 힘들 정도로 과학이 일반 지식인들로부터 유리(遊離)된 것은 커다란 문제인 것이다. 더구나 이런 실정이 쉽게 해결되기가 힘든 뚜렷한 이유, 즉 과학의 내용 자체가 가지는 어려움은 계속 존재하거나 심해질 것이기 때문에 문제는 더욱 심각하다.

그러나 이러한 과학의 유리 상태를 심화시키는 데에 과학 내용의 어려움보다도 더 크게 작용하는 것은 과학에 관해 널리 퍼져 있는 잘못된 생각이다. 흔히들 현대 사회의 많은 문제들이 과학의 책임인 것으로 생각한다. 즉, 과학이 인간의 윤리나 가치 같은 것은 무시한 채 맹목적으로 발전해서 많은 문제들 – 예를 들어, 무기 개발, 전쟁 유발, 환경 오염, 인간의 기계화, 생명의 존귀성 위협 – 을 야기(惹起)시키면서도 이에 대해서 아무런 책임을 지지 않고 있다는 생각이 그것이다.

대부분의 경우, 이런 생각의 바탕에는 과학이 가치 중립적(價値中立的)이거나 혹은 가치와 무관하다는 명제(命題)가 깔려 있다. 물론, 과학이 가치 중립적이라는 생각은 여러 의미에서 타당한 생각이며 실제로 많은 사람들이 받아들이는 생각이다. 최근에 와서 이에 회의(懷疑)를 표시하는 사람들도 거의 대부분 이 명제 자체를 부정하는 것보다는 과학에 가치 중립적이 아닌 측면도 있음을 보이는 데에 그친다. 그러나 일반 사람들이 위의 문제들에 관한 책임을 과학에 돌리면서 흔히 가지는 생각은 과학의 가치 중립성에 대한 잘못된 이해에서 연유할 때가 많다.

과학이 가치 중립적이라는 말은 크게 보아서 다음 두 가지의 의미를 지니고 있다. 첫째는 자연 현상을 기술하는 데에 있어서 얻게 되는 과학의 법칙이나 이론으로부터 개인적 취향(趣向)이나 가치관에 따라 결론을 취사 선택할 수 없다는 점이고, 둘째는 과학으로부터 얻은 결론, 즉 과학 지식이 그 자체로서 가치에 대한 판단이나 결정을 내려 주지 못한다는 점이다.

사람에 따라서는 이 중 첫째는 수긍하면서 둘째에 대해서는 반론(反論)을 제기히기도 한다. 예를 들어, 그들은 인간의 질병 중 어떤 것이 유전(遺傳)한다는 유전학의 지식이 유전성 질병이 있는 사람은 아기를 낳지 못하게 해야 한다는 결론을 내린다고 생각한다. 즉, 과학적 지식이 인간의 문제에 관하여 결정을 내려준다고 생각한다. 그러나 보다 주의 깊게 살펴보면 이것이 착각이라는 것은 분명하다.

47 이 글의 내용과 일치하지 않는 것은?

① 과학에 관해 널리 퍼져 있는 잘못된 생각이 과학의 유리 상태를 심화시킨다.
② 과학은 인간의 문제에 대해 결정을 내려주지 못한다.
③ 현대의 모든 문제는 과학으로부터 해결 방안을 찾을 수 있다.
④ 흔히 현대 사회의 많은 문제들이 과학의 책임이라고 생각한다.

> ✔해설 ③ 과학으로부터 많은 문제가 발생하고 있음을 밝히고 있지만 과학으로부터 해결 방안을 찾을 수 있다는 내용은 언급되어 있지 않다.

48 다음에 이어질 내용으로 적절한 것은?

① 과학의 발달 과정을 자세히 살펴보아야 한다.
② 인간에 관한 모든 문제는 과학이 책임져야 한다.
③ 인간과 사회의 모든 문제점을 검토해 봐야 한다.
④ 인간 문제에 관해 결정을 내리는 것은 인간 자신이다.

> ✔해설 마지막 문장에서 과학적 지식이 인간의 문제에 관하여 결정을 내려주는 것은 착각이라고 말한 것으로 볼 때, 결정을 내리는 것은 인간이라는 내용이 이어져야 한다.

49 다음 글을 바탕으로 하여 빈칸을 쓰되 예시를 사용하여 구체적으로 진술하고자 할 때, 가장 적절한 것은?

> 사람들은 경쟁을 통해서 서로의 기술이나 재능을 최대한 발휘할 수 있는 기회를 갖게 된다. 즉, 개인이나 집단이 남보다 먼저 목표를 성취하려면 가장 효과적으로 목표에 접근하여야 하며 그러한 경로를 통해 경제적으로나 시간적으로 가장 효율적으로 목표를 성취한다면 사회 전체로 볼 때 이익이 된다. 그러나 이러한 경쟁에 전제되어야 할 것은 많은 사람들의 합의로 정해진 경쟁의 규칙을 반드시 지켜야 한다는 것이다. 즉, _____

① 규칙을 어겨 가며 목표를 성취하려는 자들이 있을 때에는 경쟁의 이점을 살릴 수 없기 때문에 경쟁은 지양되어야 한다.
② 21세기의 무한 경쟁 시대에 우리가 살아남기 위해서는 기초 과학 분야에 대한 육성 노력이 더욱 필요한 것이다.
③ 지구, 금성, 목성 등의 행성들이 태양을 중심으로 공전하는 것처럼 경쟁도 하나의 목표를 향하여 질서 있는 정진(精進)이 필요한 것이다.
④ 농구나 축구, 마라톤과 같은 운동 경기에서 규칙과 스포츠맨십이 지켜져야 하는 것처럼 경쟁도 합법적이고 도덕적인 방법으로 이루어져야 하는 것이다.

> ✔해설 경쟁은 둘 이상의 사람이 하나의 목표를 향해서 다른 사람보다 노력하는 것이며, 이 때 경쟁의 전제가 되는 것은 합의에 의한 경쟁 규칙을 반드시 지켜야 한다는 점이므로 빈칸에는 '경쟁에 정해진 규칙을 꼭 지키는 가운데서 이루어져야 한다는 내용이 올 수 있을 것이다. 농구나 축구, 그리고 마라톤 등의 운동 경기는 자신의 소속 팀을 위해서 또는 자기 자신을 위해서 다른 팀이나 타인과 경쟁하는 것이며, 스포츠맨십은 규칙의 준수와 관련이 있으므로 글에서 말하는 경쟁의 한 예로 적합하다.

Answer 47.③ 48.④ 49.④

50 ㉡이 ㉠의 예시 문장이 되도록 ㉡을 가장 바르게 고쳐 쓴 것은?

> 20억 년 전에는 1% 정도였다고 추정되는 대기 중의 산소량이 어느 때쯤 현재에 가까운 양까지 증가되었는지 확실한 증거는 없다. 그러나 지질 연대에서 말하는 캄브리아기 이후에 생물 화석이 많이 발견되는 사실로 보아 늦어도 6억 년 전에는 상당량의 산소가 대기 중에 축적되었다고 추정된다. 산소의 축적은 산소 출현 전에 번식했던 많은 미생물에게는 생존 그 자체를 좌우하는 큰 변화였다. ㉠우리들에게 일산화탄소가 치명적이듯이 산소는 많은 미생물에게 유독하기 때문에 이들을 멸종시키기도 하고 산소가 적은 깊은 바다 밑으로 생존 장소를 옮기게도 했다. ㉡바다 밑 진흙 속은 산소의 해독으로부터 안전한 곳이어서 메탄 생산균과 같은 원시 미생물들이 많이 산다.

① 바다 밑 진흙 속은 산소가 적고 양분이 많아 메탄 생산균과 같은 원시 미생물이 생존하기에 가장 적합한 장소이다.

② 원시 미생물인 메탄 생산균은 바다 밑 진흙 속으로 생존 장소를 옮겨 산소의 해독을 피함으로써 오늘날까지 살아남게 되었다.

③ 캄브리아기는 메탄 생산균과 같은 원시 미생물이 산소의 해독을 피해 바다 밑 진흙 속으로 생존 장소를 옮긴 시기이다.

④ 산소는 안전한 바다 밑 진흙 속으로 생존의 장소를 옮긴 메탄 생산균을 제외한 대부분의 원시 미생물을 멸종시킬 만큼 그 해독이 강하다.

> ✔해설 ㉡이 ㉠의 예시가 되기 위해서는 ㉡이 산소의 해독으로 말미암아 멸종한 미생물에 관한 것이거나 산소가 적은 바다 밑으로 생존 장소를 옮겨 생존하게 된 미생물에 관한 내용이어야 한다.

CHAPTER 06

응용계산력

[출제목적] 다양한 공식들을 통하여 실전에 임할 수 있는 능력을 측정하고자 하는 영역

[출제유형] • 농도, 작업량, 연립일차방정식, 원의 넓이와 원기둥의 부피, 속도, 거리, 지렛대 등의 문제유형
　　　　　• 주어진 문제에 답을 찾거나 수식을 찾는 문제유형

[T ㅣ P] • 넓이나 부피를 구하는 문제나 농도 및 속도를 구하는 문제는 매년 출제되는 문제이므로 공식 암기
　　　　 • x, y 또는 a, b를 변수로 두고 계산하는 문제가 많으니 확인 후 연습

1 농도가 다른 두 소금물 A, B를 각각 30g과 20g을 섞었더니 12%의 소금물이 되었다. 또 소금물 A, B를 각각 20g과 30g씩 섞었더니 16%의 소금물이 되었다. 이때 소금물 A, B으; 농도를 각각 구하면?

① A의 농도 = 4%, B의 농도 = 16%

② A의 농도 = 8%, B의 농도 = 12%

③ A의 농도 = 4%, B의 농도 = 24%

④ A의 농도 = 12%, B의 농도 = 16%

> ✔ **해설** A의 농도를 x, B의 농도를 y라고 하면
>
> $$\frac{x}{100} \times 30 + \frac{y}{100} \times 20 = \frac{12}{100} \times 50$$
>
> $$\frac{x}{100} \times 20 + \frac{y}{100} \times 30 = \frac{16}{100} \times 50$$
>
> 따라서 $x = 4$, $y = 24$

2 가로의 길이가 세로의 길이보다 4cm 더 긴 직사각형이 있다. 이 직사각형의 둘레가 28cm일 때 가로의 길이는?

① 8cm   ② 9cm

③ 10cm   ④ 11cm

> ✔해설 직사각형의 둘레는 가로의 길이 × 2 + 세로의 길이 × 2이다.
> 세로의 길이를 x라고 가정할 때 가로의 길이는 $x+4$이고, 둘레는 $2\times(x+4)+(2\times x)$이므로 $4x+8=28$
> 따라서 x는 5로 세로의 길이는 5cm, 가로의 길이는 9cm이다.

3 구멍이 나서 물이 새는 통이 있다. 처음에 20ℓ의 물이 있었는데, 1시간이 지나자 15ℓ밖에 남지 않았다. 그 후 2시간이 더 지났을 때의 물의 양은?

① 5ℓ   ② 6ℓ

③ 7ℓ   ④ 8ℓ

> ✔해설 시간당 새는 물의 양은 $\dfrac{\text{새어 나간 물의 양}}{\text{그 동안의 시간}}$으로 볼 수 있다.
>
> 시간당 새는 물의 양 $-\dfrac{20-15}{1}=5$이고 이미 물이 15ℓ가 된 후에서 2시간이 더 지난 것이므로
> $15-(5\times2)=5$이다. 따라서 남은 물의 양은 5ℓ이다.

4 항공사에서 출발지와 도착지를 표기한 비행기표를 만들려고 한다. 20개의 공항을 대상으로 한다면 항공사에서 마련해야 할 비행기표의 종류는 몇 가지인가?

① 350가지   ② 380가지

③ 410가지   ④ 450가지

> ✔해설 20개의 공항에서 출발지와 도착지를 정하는 방법은
> $_{20}P_2=20\times19=380(\text{가지})$

5 A지점에서 150km 떨어진 B지점까지 평균시속 75km로 왕복하였다. 갈 때는 시속 100km로 운전하였다면 올 때의 시속은 몇 km인가?

① 60

② 65

③ 70

④ 75

 시간$=\dfrac{거리}{속력}$ 로 A지점에서 B지점까지 걸린 왕복(왕복이므로 거리는 150km×2) 시간은 $\dfrac{300}{75}=4$시간이다.

갈 때 100km/h로 운전하였고 올 때의 속력을 x라고 하면

$$\dfrac{150(km)}{100(km/h)}+\dfrac{150(km)}{x(km/h)}=4$$

$$\dfrac{150x+15000}{100x}=4$$

$$250x=15000$$

$$x=60$$

따라서 올 때의 속력은 60km/h이다.

6 KTX열차는 A지점에서 B지점까지 시속 200km, B지점에서 C지점까지 시속 100km로 달린다. A지점에서 C지점까지의 거리는 400km이다. 오전 9시에 A지점을 출발한 KTX열차가 2시간 30분 후에 C지점에 도착하였다면, B지점을 지날 때의 시각은?

① 오전 9시 40분

② 오전 10시

③ 오전 10시 20분

④ 오전 10시 30분

해설 거리=시간×속력이고, A에서 B까지의 시간은 x라고 하면 B에서 C까지 걸린 시간은 총 걸린 시간 2시간 30분에서 x를 제외한 시간이므로 $\dfrac{5}{2}-x$이다(2시간 30분을 시로 환산하면 $\dfrac{5}{2}$).

$$400(km)=200(km/h)\times x+100(km/h)\times\left(\dfrac{5}{2}-x\right)$$

$$400=200x+250-100x$$

$$100x=150$$

$$x=\dfrac{3}{2}=1.5$$

따라서 A에서 B까지의 걸린 시간은 1시간 30분이고 오전 9시에 A를 출발했으니 B지점을 지날 때 시각은 오전 10시 30분이다.

Answer 2.② 3.① 4.② 5.① 6.④

7   다음 부등식을 만족하는 자연수 쌍 (x, y)의 개수는?

$$x^2 + y < 5$$

① 0   ② 1

③ 2   ④ 3

 1, 2, 3, 4가 되는 자연수 쌍은 $[(0, 1), (1, 1), (1, 2), (2, 1), (2, 2)]$가 있고 이 중에서 $x^2 + y < 5$를 만족하는 자연수는 $[(0, 1), (1, 1), (1, 2)]$이다. 따라서 답은 3개이다.

8   러닝머신에서 처음 10분은 시속 8km, 다음 30분은 시속 12km, 마지막 10분은 시속 8km로 달렸다. 평균시속은 몇 km인가?

① 10.4   ② 10.8

③ 11.2   ④ 11.6

 거리는 시간×속력이고, 시속을 구하라고 했으므로 분을 시로 환산하면 $\frac{10}{60} = \frac{1}{6}$이다.

러닝머신에서 달린 거리를 구하면

$$\left(\frac{1}{6} \times 8\right) + \left(\frac{1}{2} \times 12\right) + \left(\frac{1}{6} \times 8\right) = \frac{8}{3} + 6 = \frac{26}{3}$$

총 거리는 $\frac{26}{3}$이고, 총 시간은 50분을 시로 환산한 $\frac{5}{6}$이다.

평균 시속을 구하자면 $\dfrac{거리}{시간} = \dfrac{\frac{26}{3}}{\frac{5}{6}} = \dfrac{156}{15} = 10.4$이다.

따라서 평균 시속은 10.4km/h이다.

9 넓이 2,400m²의 논에서 이앙기 A와 이앙기 B를 각각 1시간 씩 사용하여 2시간 만에 모내기를 모두 마쳤다. 이앙기 A를 사용할 때의 모내기 속도가 이앙기 B를 사용하는 경우보다 2배 빠르다면 이앙기 B만 사용할 경우에는 몇 시간이 걸리겠는가?

① 3   ② 4

③ 5   ④ 6

> **✔해설** 이앙기 B의 속도를 x라고 하면 이앙기 A의 속도는 $2x$이다.
>
> 이앙기 B의 속도를 구하면,
>
> $2x(m^2/hr) \times 1(시간) + x(m^2/hr) \times 1(시간) = 2400m^2$
>
> $3x = 2400$
>
> $x = 800(m^2/hr)$
>
> $2400m^2$의 논을 $800m^2/hr$의 속도로 모내기하면 $2400 \div 800 = 3$이므로 3시간이 걸린다.

10 100명의 학생이 일본어와 중국어 중 한 과목을 선택하여 시험을 치르고, 과목마다 25%의 학생이 '수'를 받게 된다. 일본어를 선택한 학생 중 '수'를 받은 학생이 12명일 경우, 중국어를 선택한 학생 중 수를 받은 학생은 몇 명인가?

① 6   ② 8

③ 10   ④ 13

> **✔해설** 100명의 학생 중 일본어와 중국어 동시 선택이 되지 않으므로 일본어를 제외한 학생 수는 중국어를 선택한 학생 수가 된다. 12명이 일본어를 선택한 학생 중 '수'를 받은 학생이므로 $12 \times \frac{100}{25} = 48$(명)이고, 중국어를 선택한 학생 수는 $100 - 48 = 52$(명)이다. 52명 중 25%는 $52 \times \frac{25}{100} = 13$이므로 중국어를 선택한 학생 중 '수'를 받은 학생은 13명이다.

11 국제축구연맹(FIFA)이 주관하는 U-17 축구경기에 16개 팀이 참가하였다. 예선리그 없이 단판승부에 의한 토너먼트로 진행된다면 우승팀을 가리기 위하여 치러지는 총 경기의 수는?

① 12　　　　　　　　　　　　　　　② 13

③ 14　　　　　　　　　　　　　　　④ 15

> ✔해설　토너먼트는 경기를 거듭할 때마다 진 편은 제외시키면서 이긴 편끼리 겨루어 최후에 남은 두 편으로 우승을 가리는 형식이다. 1회전에서는 8회의 경기를 치르고 8개 팀이 우승하며, 2회전에서는 4회 경기와 4개의 우승팀이 남고, 3회전에서는 2회의 경기와 2개의 우승팀, 결승전에는 1회의 경기와 1개의 우승팀이 남는다. 따라서 총 8+4+2+1=15(회)의 경기가 치러진다.

12 휴대폰 선호도에 대한 설문조사 결과 100명의 응답자 중, A사 제품 또는 B사 제품을 선택한 사람이 전체의 70%였다. 이 중에서 A사 제품을 선택한 사람이 B사 제품을 선택한 사람보다 10명 더 많았다면, A사 제품을 선택한 사람은 몇 명인가?

① 30　　　　　　　　　　　　　　　② 36

③ 40　　　　　　　　　　　　　　　④ 48

> ✔해설　전체 100명 중에 A를 선택한 사람을 x라고 하면 B를 선택한 사람은 $70-x$가 된다. A사를 선택한 사람이 B사 선택자보다 10명 많았으므로 $(70-x)+10=x$이고, x는 40이다. 따라서 A사를 선택한 사람은 40명이다.

13 비커 A, B, C에 담겨있는 소금물의 농도를 측정하였다. A비커의 농도는 B비커의 농도보다 20% 높았고, C비커의 농도는 A비커 농도의 2배에서 B비커 농도를 뺀 값의 80%에 해당하였다. 각 비커의 농도를 비교한 것 중 옳은 것은?

① A>C>B　　　　　　　　　　　　　② A>B>C

③ C>B>A　　　　　　　　　　　　　④ B>A>C

> ✔해설　비커 B의 농도를 x라고 하면 A의 농도는 $(1+0.2)x=1.2x$이고,
> C의 농도는 $(2.4x-x)\times\dfrac{80}{100}=1.4x\times0.8=1.12x$이다.
> 따라서 $1.2x>1.12x>x$이므로 A>C>B이다.

14 최대공약수가 6이고 최소공배수가 36인 두 수를 a, b라 할 때, $a^2 + b^2 - 2ab$가 가질 수 있는 가장 작은 값은?

① 18

② 24

③ 36

④ 48

> ✔해설 최소공배수 36의 공약수를 구하면 (1, 2, 3, 4, 6, 9, 12, 18, 36)이다. 여기서 최대공약수 6을 만족하는 수 a, b는 (12, 18)이다. 이 수를 $a^2 + b^2 - 2ab$식에 대입하면 $144 + 324 - 432 = 36$이 된다.

15 11부터 100까지 숫자를 모두 더하는데 어떤 수를 빠뜨리고 더했더니 4,900이 되었다. 빠진 수는 얼마인가?

① 80

② 85

③ 90

④ 95

> ✔해설 가우스 계산법에 의하여 1부터 100까지 더한 수는 {(1 + 100 = 101) + (2 + 99 = 101) + (3 + 98 = 101) + ⋯+(50 + 51 = 101)} = 5050이다. 즉, 앞의 수와 마지막 수를 더하면 101이 되므로 앞의 수와 마지막 수를 더한 값에 50번 반복하므로 50을 곱하여 101 × 50 = 5050이 된다. 그 중에 1에서 10까지 더한 수는 55이고 11부터 100까지 수의 합은 5050에서 55를 뺀 4995인데 어떤 수를 빠뜨리고 더해 4900이 나왔다고 했으므로 빠뜨린 수를 구하려면 4995−4900을 계산한다. 따라서 빠뜨린 수는 95이다.

16 A, B, C, D가 자전거 경기를 하였다. A의 시간 당 속력은 B보다 1.2배 빠르고, C는 A보다 0.8배 빠르며, D는 C보다 1.1배 빨랐다. 1시간 동안 가장 긴 거리를 달린 사람은?

① A

② B

③ C

④ D

> ✔해설 B의 속력을 x라고 하면 A의 속력은 $1.2x$, C의 속력은 $0.8(1.2x)$이고, D의 속력은 $1.1\{0.8(1.2x)\}$이다. 정리하면, A는 $1.2x$, B는 x, C는 $0.96x$, D는 $1.056x$이므로 동일한 시간(1시간) 동안 가장 긴 거리를 달린 사람은 A이다.

17 전교생이 1,000명이고 이 중 남학생이 여학생보다 200명이 많은 어느 학교에서 안경 낀 학생 수를 조사하였다. 안경 낀 학생은 안경을 끼지 않은 학생보다 300명이 적었다. 안경 낀 남학생은 안경 낀 여학생의 1.5배이었다면 안경 낀 여학생은 몇 명인가?

① 120   ② 140

③ 160   ④ 180

✔해설 안경을 낀 학생 수를 k로 하면 안경을 끼지 않은 학생 수는 $k+300$이고, $k+(k+300)=1000$에서 안경을 낀 학생 수 k는 350명이다. 이 중에서 안경을 낀 여학생을 n으로 하면 안경을 낀 남학생은 $1.5n$이고 $n+1.5n=350$에서 n은 140이 된다. 따라서 안경을 낀 여학생 수는 140명이다.

18 2km 간격으로 이정표가 설치되어 있는 도로를 자동차가 시속 60km로 달리고 있다. 첫 번째 이정표를 통과한 후 31분 동안 지나치게 되는 이정표는 몇 개인가? (단, 첫 번째 이정표는 제외한다)

① 14   ② 15

③ 16   ④ 17

✔해설 31분을 시로 환산하면 $\frac{31}{60}$ 이고, 거리는 시간×속력이므로 $\frac{31}{60}\times60=31$ 이므로 자동차는 31분 동안 31km를 지났다. 2km마다 이정표가 설치되어 있으므로 첫 번째 이정표를 제외한 15개의 이정표를 지나갔다.

19 정육면체의 한 변의 길이가 각각 20%, 50%, 80%씩 짧아진다고 할 때 부피는 몇 % 감소하는가?

① 50   ② 72

③ 80   ④ 92

✔해설 한 변의 길이를 x라고 하면 $(1-0.2)x=0.8x$, $(1-0.5)x=0.5x$, $(1-0.8)x=0.2x$의 길이를 갖는다. 부피는 가로×세로×높이이므로 $0.8x\times0.5x\times0.2x=0.08x^3$이다. 원래의 x^3인 부피에서 0.92가 줄어들었다. 즉, 92%가 감소하였다.

20 다음 그래프는 직선 위에서 운동하는 물체의 시간에 따른 위치를 나타낸 것이다. 이 물체의 운동에 대한 설명으로 옳지 않은 것은?

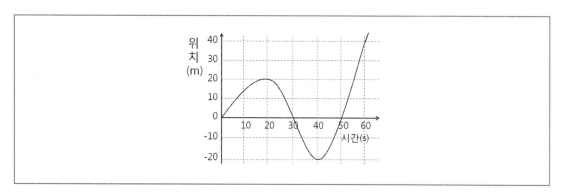

① 0~20초 동안의 이동거리와 변위의 크기는 같다.

② 0~40초 동안의 이동 거리는 60m이다.

③ 0~50초 동안의 변위는 0이다.

④ 40~60초 동안의 평균속력은 2m/s이다.

> **✔해설** ① 양의 방향으로만 이동하였으므로 같다.
> ② 0~20m와 20~−20m 총 60m 이동했다.
> ③ 위치가 0이므로 변위도 0이다.
> ④ $\dfrac{40-(-20)}{20}=\dfrac{60}{20}=3(\text{m/s})$

21 $y=ax^2$의 그래프를 x축으로 2, y축으로 1 만큼 평행 이동하니 $y=2x^2+bx+c$가 되었다. 이때 $a+b+c$의 값은?

① 1   ② 3

③ 5   ④ 7

> **✔해설** ㉠ : $y-1=a(x-2)^2$
> ㉡ : $y=2x^2+bx+c$
> ㉠과 ㉡ 두 식이 같으므로, $y=ax^2-2ax+4a+1$에서 $a=2$이고, $b=-4a=-4\times2=-8$, $c=4a+1=4\times2+1=9$이다. 이다. $a+b+c=2-8+9=3$이므로 정답은 ②이다.

22 자동차의 정지거리는 공주거리와 제동거리의 합이다. 공주거리는 공주시간 동안 진행한 거리이며, 공주시간은 주행 중 운전자가 전방의 위험상황을 발견하고 브레이크를 밟아서 실제 제동이 시작이 될 때까지 걸리는 시간이다. 자동차의 평균 제동 거리가 다음 표와 같을 때, 시속 72km로 달리는 자동차의 평균정지거리는 몇 m인가? (단, 공주시간은 1초로 가정한다)

속도(km)	12	24	36	48	60	72
평균제동거리(m)	1	4	9	16	25	36

① 52　　　　　　　　　　　　　　② 54

③ 56　　　　　　　　　　　　　　④ 58

 해설 제동거리 $36m$, 공주거리 $72km/h \times 1000 \times \dfrac{1}{3600} = 20m$

따라서 $36 + 20 = 56m$

23 $(2 + \square)^2 + (3 + \square)^2 = 25$ 일 때, $\square$에 공통으로 들어가는 자연수는?

① 1　　　　　　　　　　　　　　② 2

③ 3　　　　　　　　　　　　　　④ 4

해설 $\square$에 보기의 수를 대입해 보면 1이 공통으로 들어가며 $(2+1)^2 + (3+1)^2 = 3^2 + 4^2 = 9 + 16 = 25$가 된다.

24 두 소수를 더했더니 12가 되었다. 이 두 수의 곱은?

① 6　　　　　　　　　　　　　　② 15

③ 21　　　　　　　　　　　　　　④ 35

해설 12 미만의 1과 자기 자신만으로 나누어지는 1보다 큰 양의 정수로는 (2, 3, 5, 7, 11)이 있다. 이 중 더해서 12가 되는 두 수는 (5, 7)이다. 5와 7의 곱은 35이다.

25 계단을 한 번에 한 칸씩 또는 두 칸씩 오를 수 있다. 5칸의 계단을 오르는 방법의 수는?

① 8

② 12

③ 16

④ 24

✔해설 5를 이루는 1과 2의 경우의 수를 구한다. (1, 1, 1, 1, 1), (1, 1, 1, 2), (2, 1, 1, 1), (1, 2, 1, 1), (1, 1, 2, 1), (1, 2, 2), (2, 1, 2), (2, 2, 1)로 총 8개가 된다.

26 각 변의 길이가 자연수이고 가장 긴 변의 길이가 5인 삼각형 중에서 나머지 두 변의 길이가 5보다 작은 서로 다른 삼각형은 몇 개인가? (단, 합동인 경우는 같은 삼각형으로 간주한다)

① 4

② 5

③ 6

④ 7

✔해설 삼각형이 성립하려면 가장 긴 변의 길이가 나머지 두 변의 길이의 합보다 작아야 한다.

$x + y > 5$

두 변의 길이가 5보다 작다고 했으므로 $x < 5$, $y < 5$가 되며, x와 y는 각각 다음과 같은 값을 가질 수 있다.

$x = 1, 2, 3, 4$

$y = 1, 2, 3, 4$

여기에서 두 변의 길이의 합이 5보다 크려면

(3, 3), (4, 2), (4, 3), (4, 4)가 되어야 한다.

그러므로 총 4개의 삼각형이 존재하게 된다.

27 사칙연산 기호만을 사용하여 다음 등식이 성립하도록 할 때 △에 알맞은 기호는?

$$17 = 4 \square 4 \triangle 4 \bigcirc 4$$

① +

② −

③ ×

④ ÷

✔해설 $4 \times 4 + 4 \div 4 = 17$이므로 △에는 + 기호가 들어간다.

Answer 22.③ 23.① 24.④ 25.① 26.① 27.①

28 다섯 자리 수 135□9가 11의 배수일 때, □에 알맞은 숫자는?

① 1   ② 3

③ 5   ④ 7

✔ **해설** 135□9가 11로 나누어 떨어져야 한다.

```
         1229
   11 ) 135□9
        11
        ──
        25
        22
        ──
        3□
        22
        ──
        99
```

3□−22=9 이므로 □에 들어갈 수는 1이다.

---

29 임의의 무리수 a, b와 임의의 유리수 c에 대하여 다음 중 항상 무리수인 것은?

① $a+b$ ② $a+c$

③ a^b ④ a^c

✔ **해설** a, b는 무리수이고 c는 유리수이다.

보기가 유리수가 되는 경우를 반례로 제시하면,

① $a+b$의 반례는 $0.8\dot{2}+0.1\dot{7}=0.9\dot{9}=1$로 유리수 가능

② $a+c$: 무리수+유리수는 항상 무리수

③ a^b는 $b=\dfrac{1}{\log a}$ 일 때, $a^b=\dfrac{1}{a^{\log a}}$ 에서 $b\log a=\log a^{\frac{1}{\log a}}=\dfrac{1}{\log a}\cdot\log a=1$로 유리수 가능

④ $c=0$일 때 $a^0=1$로 유리수 가능

30 점 A, B는 길이가 1cm인 고무줄의 양끝점이고, C는 고무줄 위에 있는 한 점이다. C는 A에서 0.7cm 떨어져 있다고 한다. 이 고무줄을 늘여 3cm로 만들면 C는 A로부터 몇 cm 떨어진 위치에 있게 되는가? (단, 고무줄은 균일하게 늘어난다고 가정한다)

① 0.7

② 1.4

③ 2.1

④ 2.8

> ✔해설 고무줄이 균일하게 늘어나므로 1cm에서 3cm가 늘어났으므로 0.7cm에 3배를 한 2.1cm가 늘어난 위치에 있게 된다.

31 어떤 논의 벼를 모두 베는 데 A 혼자서는 3시간, B 혼자서는 6시간 걸린다. A, B 둘이 함께 벼를 벤다면 몇 시간이 걸리는가?

① 1시간

② 1시간 30분

③ 2시간

④ 2시간 30분

> ✔해설 A가 시간당 하는 일의 양 × 3 = B가 시간당 하는 일의 양 × 6이다. A가 시간당 하는 일의 양은 B가 시간당 하는 일의 양의 2배이므로, A, B가 시간당 하는 일의 양은 B가 혼자서 하는 일의 양의 3배이다. 따라서 B 혼자서 6시간이 걸린다면 A, B가 같이 할 때는 2시간이 걸린다.

32 함수 f 가 모든 실수 x, y 에 대하여 관계식 $f(x+y)=f(x)+f(y)$를 만족한다. $f(2)=4$이면 $f(1)$은 얼마인가?

① $\dfrac{1}{4}$

② $\dfrac{1}{2}$

③ 1

④ 2

> ✔해설 $f(2)=f(1+1)=f(1)+f(1)=2f(1)=4$이다. 따라서 $f(1)=2$이다.

33 1에서 400까지의 자연수 중에서 400과 서로소인 수는 몇 개인가?

① 120

② 160

③ 240

④ 280

✔해설 서로소는 1이외의 공약수를 갖지 않는 두 수를 말한다. 문제는 400 이하의 자연수 중 소수의 개수를 묻는 것이다.

$400 = 2^4 \times 5^2$ 이므로, $(2 \times 4) \times 2 \times (5 \times 2) = 160$ 이다.

34 $\log_2 x = 3$, $\log_y 2 = \dfrac{1}{2}$ 일 때, $x + y$ 의 값은?

① 12

② 14

③ 16

④ 18

✔해설 $x = 2^3 = 8$ 이고, $y^{\frac{1}{2}} = 2$ 에서 $y = 4$ 이다. 따라서 $x + y = 8 + 4 = 12$ 이다.

35 다음 부등식을 만족하는 정수 쌍 (x, y)의 개수는?

$x^2 + y^2 < 9$

① 25

② 26

③ 27

④ 28

✔해설 $0^2 = 0$, $1^2 = (-1)^2 = 1$, $2^2 = (-2)^2 = 4$ 이므로, $x = y = \{-2, -1, 0, 1, 2\}$ 이다.

x는 5가지, y는 5가지가 가능하므로 (x, y)는 $5 \times 5 = 25$가지가 가능하다.

36 다음 중 꼭짓점이 제2사분면에 있는 포물선은?

① $y = x^2 - 2x - 1$

② $y = x^2 + 2x - 1$

③ $y = -x^2 - 2x + 1$

④ $y = -x^2 + 2x + 1$

> ✔해설 ① $y = (x-1)^2 - 2$이므로 꼭짓점은 제4사분면에 위치한다.
> ② $y = (x+1)^2 - 2$이므로 제3사분면에 위치한다.
> ③ $y = -(x+1)^2 + 2$이므로 제2사분면에 위치한다.
> ④ $y = -(x-1)^2 + 2$이므로 제1사분면에 위치한다.

37 성인 100명에게 여행과 운동에 대한 선호도를 조사한 결과가 다음과 같았다. 여행과 운동을 모두 좋아하는 사람은 몇 명인가?

> • 여행을 좋아하는 사람 : 70명
> • 운동을 좋아하는 사람 : 50명
> • 어느 것도 좋아하지 않는 사람 : 10명

① 10   ② 20

③ 30   ④ 40

> ✔해설 여행을 좋아하는 사람을 A라고 하고, 운동을 좋아하는 사람을 B라고 하면 어느 것도 좋아하지 않는 사람은 $(A \cup B)^c$가 된다. 성인 100명을 조사하였으므로 $(A \cup B) = 90$이고, $A + B = 120$에서 합집합을 뺀 나머지가 A와 B의 교집합이므로 여행과 운동을 모두 좋아하는 사람 수이다.

38 한 학년에 세 반이 있는 학교가 있다. 학생수가 A반은 20명, B반은 30명, C반은 50명이다. 수학 점수 평균이 A반은 70점, B반은 80점, C반은 60점일 때, 이 세 반의 평균은 얼마인가?

① 62　　　　　　　　　　　　　　　　② 64

③ 66　　　　　　　　　　　　　　　　④ 68

✔해설 A반의 총점은 학생 수 × 평균 점수 = 20 × 70 = 1400, B반의 총점은 30 × 80 = 2400, C반의 총점은 50 × 60 = 3000이다. 각 반의 총점을 더해서 전 학년의 학생 수로 나누면 세 반의 평균이 나온다.

(1400 + 2400 + 3000) / 100 = 68

39 A에서 B까지 화살표를 따라 가는 길은 모두 몇 가지인가?

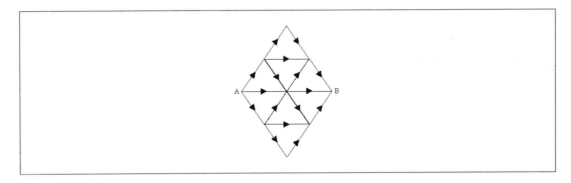

① 9　　　　　　　　　　　　　　　　② 11

③ 13　　　　　　　　　　　　　　　　④ 15

✔해설 각 꼭짓점에 문자를 부여한 뒤 가능한 경로를 써 보면,

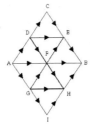

(ADCEB, ADEB, ADFEB, ADFHB, ADFB), (AGIHB, AGHB, AGFHB, AGFEB, AGFB), (AFB, AFEB, AFHB) 총 13가지가 있다.

40 한 직선 위에서 시속 1km의 속도로 오른쪽 방향으로 등속 운동하는 두 물체가 있다. 두 물체의 왼쪽에 있는, 이 직선 상의 한 점 P로부터 두 물체까지의 거리의 비는 현재 4 : 10이다. 13시간 후 P로부터의 거리의 비가 7 : 5가 된다면 현재 P로부터 두 물체까지의 거리는 각각 몇 km인가?

① 6, 2   ② 8, 2

③ 12, 3   ④ 18, 32

> ✔해설 P점을 기준으로 현재의 물체 A까지의 거리를 x, B까지의 거리를 y라 하면,
> $x : y = 4 : 1$
> $x + 13 : y + 13 = 7 : 5$
> 위의 연립방정식의 해를 구하면, $x = 8$, $y = 2$이다.

41 런던, 로마, 파리, 마드리드, 베를린의 사진에 임의로 1에서 5까지 각각 번호를 매긴 후 학생 A, B, C, D, E에게 2개의 사진을 골라 도시 이름을 쓰게 하였다. 각 학생은 2개 중 하나씩만 도시 이름을 맞게 썼다고 한다. 학생들이 쓴 답이 다음 표와 같을 때, 1번 도시는?

학생	번호와 도시 이름	
A	2. 파리	3. 로마
B	3. 마드리드	2. 런던
C	3. 런던	5. 마드리드
D	2. 파리	4. 베를린
E	1. 로마	4. 베를린

① 파리   ② 런던

③ 로마   ④ 베를린

> ✔해설 '4. 베를린'을 맞게 썼다고 할 때, D와 E학생에 의해서 '1. 로마'와 '2. 파리'는 맞지 않고, '2. 파리'가 맞지 않으면 A학생에 의해서 '3. 로마'가 맞는 것이다. '3. 로마'가 옳다면 C학생에 의해서 '3. 런던'이 맞지 않고, '5. 마드리드'가 맞는 것이다. 나머지 1과 2에서 '2. 파리'가 맞지 않았으니 '1. 파리'이고, '2. 런던' 이 된다.

42 다음 그림과 같이 두 거울 A와 B가 30도의 각을 이루고 있다. 거울 B에 평행하게 입사된 빛이 거울에 몇 번 반사되는가? (단, 입사각과 반사각은 같다)

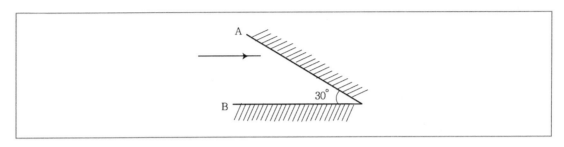

① 3

② 4

③ 5

④ 6

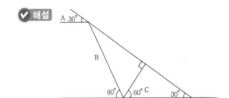

입사각과 반사각이 같으므로, 들어온 빛 A는 B, C의 경로를 거친다. C경로에서 수직으로 재반사 되므로 C, B, A 경로로 되돌아나간다. 따라서 A→B→C→C→B→A까지 총 5번 반사된다.

43 1000쪽 분량의 책 한 권에 1부터 1000까지의 수를 한 번씩만 사용하여 쪽 번호를 매겼다면 숫자 7은 총 몇 번 사용되었는가?

① 300

② 310

③ 320

④ 330

✔해설 ㉠ 7이 백의 자리에 오는 수 : 700대의 수 100개(701, 702, 703, …)
㉡ 7이 십의 자리에 오는 수 : 70대의 수 100개(10 × 10)
㉢ 7이 일의 자리에 오는 수 : 7대의 수 100개(10 × 10)

44 다음 그림과 같이 가로가 10cm, 세로가 8cm인 직사각형이 있다. 각 모서리에서 가로 $x$cm, 세로 $x$cm 인 작은 정사각형 4개를 잘라낸 후 접어서 윗면이 없는 직육면체 모양의 용기를 만들었다. 이 용기에 48cm³의 물을 넣었더니 가득 찼다. 이때 x가 될 수 있는 값은?

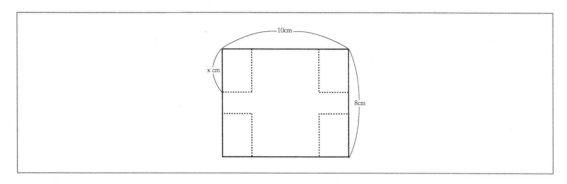

① 1.5

② 2

③ 2.5

④ 3

> ✔해설 가로 · 세로 $x$cm씩 정사각형 4개를 자른 후의 모양의 가로 길이는 $10-2x$이고, 세로는 $8-2x$, 높이는 x가 된다. 부피는 가로 × 세로 × 높이로 윗면이 없는 직육면체 모양의 부피는 $(10-2x) \times (8-2x) \times x = 48 \text{ cm}^3$이 다. 이 식을 풀면 $x=2$가 나온다.

45 주사위를 두 번 던졌을 때 각각의 합이 5와 같거나 클 확률보다 각각의 합이 4와 같거나 클 확률이 얼마나 더 큰가?

① $\dfrac{1}{3}$

② $\dfrac{1}{6}$

③ $\dfrac{1}{9}$

④ $\dfrac{1}{12}$

> ✔해설 주사위를 한 번 던지고 다시 던지는 경우이므로 첫 번째 던지는 경우를 x, 두 번째 던지는 경우를 y라고 하면 각각의 합이 5와 같거나 클 확률과 각각의 합이 4와 같거나 클 확률은 $P(x+y \geq 4) - P(x+y \geq 5)$ 가 된다. 따라서 구하려는 확률은 $P(x+y=4)$가 된다.
> $(x, y) = (1, 3) \ (2, 2) \ (3, 1)$
> $\therefore P(x+y=4) = \dfrac{3}{6 \times 6} = \dfrac{1}{12}$

Answer 42.③ 43.① 44.② 45.④

46 다음 세 수는 선분의 길이를 나타낸다. 삼각형이 만들어지는 조합은?

① 2, 5, 8

② $\sqrt{7}$, $\sqrt{2}$, 1

③ π, 2π, π

④ π, $\sqrt{2}$, $\pi - 1$

> ✔해설 삼각형의 가장 긴 변의 길이가 나머지 두 변의 길이의 합보다 작아야만 삼각형이 성립한다.
> ① $2 + 5 < 8$
> ② $1 + \sqrt{2} < \sqrt{7}$
> ③ $\pi + \pi = 2\pi$

47 길이가 1인 3개의 철사를 이용하여 원, 정삼각형, 정사각형을 만들었다. 면적이 큰 순서대로 늘어놓은 것은?

① 원 > 정삼각형 > 정사각형

② 정사각형 > 정삼각형 > 원

③ 원 > 정사각형 > 정삼각형

④ 정사각형 > 원 > 정삼각형

> ✔해설 원둘레 $2\pi r$은 3이므로 $r \fallingdotseq 0.48$
> 각 도형의 넓이를 구하면
> ㉠ 원 $= \pi r^2 = 3.14 \times 0.48^2 = 0.72$
> ㉡ 정사각형 $- 0.75^2 = 0.56$
> ㉢ 정삼각형 $= \frac{1}{2} \times 1 \times \frac{\sqrt{3}}{2} = \frac{\sqrt{3}}{4} \fallingdotseq 0.43$

48 홀수 층에서만 정지하는 엘리베이터가 있다. 한 층에서 다음 층까지 이동 시간은 5초이며, 문이 열리고 닫히는 데 3초가 걸린다. 11층에서 내려오기 시작하여 모든 홀수 층에서 정지하고, 1층까지 도착하는 데 걸리는 시간은 몇 초인가?

① 62

② 65

③ 68

④ 72

> ✔해설 11층에서 1층까지 도착하는데는 총 10개층을 지나고 9층, 7층, 5층, 3층에서 정지하므로 총 62초가 소요된다.

49 A는 성묘를 위하여 20m² 넓이의 산소를 기계와 수작업용 가위를 1시간씩 사용하여 2시간 만에 모두 벌초하였다. 기계를 사용할 때의 벌초속도가 가위의 경우보다 3배 빠르다면 가위만 사용할 경우 몇 시간 걸리겠는가?

① 3

② 4

③ 5

④ 6

수작업 할 때 작업면적을 x라 하면 기계로 작업할 때의 작업면적은 $3x$가 된다.

$3x + x = 20$ ∴ $x = 5$

따라서 수작업 할 때 작업면적은 $20 \div 5 = 4$(시간)가 된다.

50 창호는 연이자율 5%와 15%짜리 저축상품에 총 300만 원을 저축하였다. 1년 후 만기에 원금 300만 원에 대한 이자로 총 24만 원을 받는다면, 연이자율 15%짜리 상품에 저축한 금액은 얼마인가?

① 90만 원

② 150만 원

③ 170만 원

④ 210만 원

 $x \times 0.05 + y \times 0.15 = 240,000$

$x + y = 3,000,000 \rightarrow x = 3,000,000 - y \cdots \bigcirc$

$\bigcirc$을 식에 대입하면

$0.05(3,000,000 - y) + 0.15y = 240,000$

$150,000 - 0.05y + 0.15y = 240,000$

$0.1y = 90,000$

∴ $y = 900,000$(원)

51 투표참여에 대한 설문조사 결과 99명의 응답자 중 투표한 사람은 투표하지 않은 사람보다 25명이 많았으며, 투표한 사람 중 A후보를 찍은 사람이 B후보를 찍은 사람보다 10명 더 많았다. A후보를 찍은 사람의 수는 몇 명인가?

① 30

② 36

③ 42

④ 48

> ✔해설 투표하지 않은 사람을 x라 하면
> $x + (x + 25) = 99$ ∴ $x = 37$(명)
> 따라서 투표한 사람은 $37 + 25 = 62$명이 된다.
> B후보를 찍은 사람을 y라 하면
> $y + (y + 10) = 62$ ∴ $y = 26$(명)
> 따라서 A후보를 찍은 사람은 $10 + 26 = 36$명이 된다.

52 학생이 20명인 어떤 학급의 중간고사 평균은 남학생이 75점, 여학생이 70점이었다. 학기말 고사의 성적이 남학생 5명은 13점씩, 여학생 5명은 15점씩 향상되었고, 나머지 학생들은 전과 동일한 점수를 얻었다. 이 학급의 학기말고사 평균은 몇 점인가? (단, 남학생이 여학생보다 4명이 많다)

① 80

② 81

③ 82

④ 83

> ✔해설 여학생을 x라 하고 남학생을 y라 하면
> $x + (x + 4) = 20$
> ∴ $x = 8$, $y = 12$
> 학기말고사 평균을 산출하면 다음과 같다.
> ㉠ 남학생 점수 : $(75 \times 7) + (88 \times 5) = 965$
> ㉡ 여학생 점수 : $(70 \times 3) + (85 \times 5) = 635$
> ㉢ 학급평균 : $\dfrac{965 + 635}{20} = 80$

53 다음 그림에서 (A)에 올 도형의 꼭짓점은 몇 개인가?

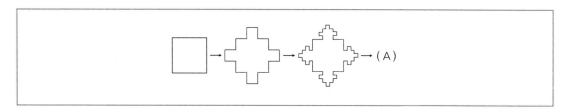

① 212

② 216

③ 220

④ 224

✔해설 ㉠ 첫 번째 도형의 꼭짓점의 개수는 4개이다.

㉡ 두 번째 도형에서는 기존 꼭짓점 4개와 각 변마다 사각형이 하나씩 추가되어 생긴 꼭짓점 $4+(4\times4)$개가 증가하였다.

㉢ 세 번째 도형에서는 기존의 꼭짓점 20개와 각 변마다 세 개의 사각형이 추가되어 생긴 꼭짓점 $20+(4\times3\times4)$개가 증가하였다.

㉣ 네 번째 도형역시 기존의 꼭짓점 68개와 세 번째 도형에서 가장 작은 세 개의 정사각형들의 튀어나온 세 변마다 작은 정사각형들이 다시 생겨나므로 한 변에 총 9개의 정사각형, 즉 네 변마다 그러하므로 $4\times9\times4=144$개의 꼭짓점이 추가로 증가하게 된다. 따라서 $68+144=212$(개)의 꼭짓점이 생긴다.

54 어떤 물건을 100개 구입하여, 사온 가격에 60%를 더한 가격 x로 40개를 팔았다. x에서 y%를 할인하여 나머지 60개를 팔았더니 본전이 되었다면 y는 얼마인가?

① 60

② 62.5

③ 65

④ 67.5

> ✔해설 물건 1개의 구입가격을 1원이라고 가정하면 100개의 구입가격은 100원이 된다.
>
> $\therefore \ x = 1.6$원
>
> $$1.6 \times 40 + 1.6\left(1 - \frac{y}{100}\right) \times 60 = 100$$
>
> $$64 + 96\left(1 - \frac{y}{100}\right) = 100$$
>
> $$96\left(1 - \frac{y}{100}\right) = 36$$
>
> $$1 - \frac{y}{100} = \frac{3}{8}$$
>
> $$\frac{y}{100} = \frac{5}{8}$$
>
> $$8y = 500$$
>
> $$\therefore y = 62.5$$

55 어느 야구선수가 시합에 10번 참여하여 시합당 평균 0.6개의 홈런을 기록하였다. 앞으로 5번의 시합에 더 참여하여 총 15번 경기에서의 시합당 평균 홈런을 0.8개 이상으로 높이고자 한다. 남은 5번의 시합에서 최소 몇 개의 홈런을 쳐야하는가?

① 4

② 5

③ 6

④ 7

> ✔해설 10번의 경기에서 평균 0.6개의 홈런→6개 홈런
> 15번의 경기에서 평균 0.8개의 홈런→12개 홈런
> 따라서 남은 5경기에서 최소 6개 이상의 홈런을 기록해야 한다.

56 주사위를 세 번 던져서 나오는 눈의 수를 각각 a, b, c라 할 때, $2a + 2b + c = 12$를 만족하게 될 확률은?

① $\dfrac{1}{6}$

② $\dfrac{1}{12}$

③ $\dfrac{1}{24}$

④ $\dfrac{1}{36}$

✔ 해설 $1 \leq (a,\ b,\ c) \leq 6$

$c = 1$일 때 $2a + 2b = 11 \rightarrow$ 거짓 $\therefore c =$ 짝수일 때만 성립

㉠ $c = 2$일 때

$2a + 2b = 10,\ 2(a + b) = 10$

$a + b = 5$

$(a,\ b) = (1,\ 4)(2,\ 3)(3,\ 2)(4,\ 1)$

㉡ $c = 4$일 때

$2a + 2b = 8,\ \ 2(a + b) = 8$

$a + b = 4$

$(a,\ b) = (1,\ 3)(2,\ 2)(3,\ 1)$

㉢ $c = 6$일 때

$2a + 2b = 6,\ \ 2(a + b) = 6$

$a + b = 3$

$(a,\ b) = (1,\ 2)(2,\ 1)$

주사위 눈의 개수는 6개이고 세 번 던진다고 하였으므로

$\dfrac{9}{6^3} = \dfrac{1}{24}$

57 정삼각형 모양으로 길이 있는 세 지역 A, B, C가 있다. A에서 출발하여 B와 C를 거쳐 다시 A로 돌아올 때, 영희는 시속 3km로 일정하게 걸었고, 영철이는 A와 B 사이는 시속 2km, B와 C 사이는 시속 4km, C와 A 사이는 시속 6km로 걸었다. 동시에 A를 출발하여 둘이 다시 만날 때까지 걸린 시간은 얼마인가?

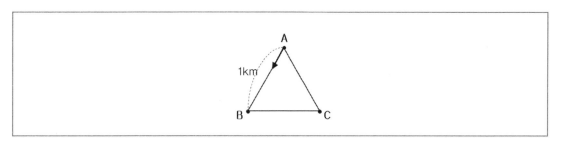

① 50분   ② 60분

③ 70분   ④ 80분

✔해설 ㉠ A → B
- 영희는 20분 후 도착→출발 후 20분
- 영철이는 30분 후 도착→출발 후 30분

㉡ B → C
- 영희는 20분 후 도착→출발 후 40분
- 영철이는 15분 후 도착→출발 후 45분

㉢ C → A
- 영희는 20분 후 도착→출발 후 60분
- 영철이는 10분 후 도착→출발 후 55분

따라서 C→A구간에서 영철이는 영희를 따라잡게 된다. 이때 영희는 C구간에서 40분에 출발하고 영철이는 45분에 출발한다. 따라서 영철이가 출발하기 전 5분간 영희는 0.25km를 더 가 있는 상태이고 영철이가 출발한 후 5분간 다시 0.25km를 더 가 0.5km 지점에 와있고 영철이는 5분 동안 0.5km를 가므로 서로 만나게 된다. 따라서 출발 후 50분이 지나면 둘은 다시 만난다.

58 $11 + 11^2 + \cdots + 11^{10}$의 일의 자리 수는?

① 0   ② 1

③ 4   ④ 7

✔해설 11부터 11^{10}은 모두 끝에 자리 숫자가 1이므로 끝의 자리 수는 1을 총 10번 더한 값이 된다. 이때 십의 자리 숫자 1은 다음 자리로 넘어가므로 일의 자리 수는 0이 된다.

59 평행사변형 위에 8개의 점을 찍었다. 8개의 점 중에서 3개를 택하여 서로 선분으로 연결했을 때, 삼각형이 되는 경우의 수는?

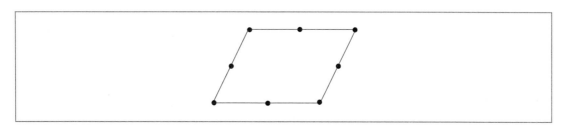

① 50

② 51

③ 52

④ 53

✔해설 삼각형이 만들어지기 위해서는 8개의 점에서 3개를 선택해야 한다. 즉 이때의 경우의 수는 $_8C_3 = 56$가지이다. 일직선 위에 있는 세 점, 즉 한 변에 있는 세 점을 모두 선택하는 경우에는 삼각형이 성립되지 않으므로 이 경우의 수 4가지를 제외하면 총 52가지의 방법이 나온다.

60 A, B, C는 2명의 대표자를 뽑는 선거의 후보자들이다. 선거결과 총 투표수는 3,270표, 무효표는 20표였고, A와 B가 당선되었다. B의 득표수는 C의 득표수보다 50표 많았다. 만일 A 득표수의 4%가 C의 지지표로 바뀌었다면 B는 C보다 10표가 적어서 낙선했을 것이다. 이 때, A와 B의 득표수의 차이는?

① 500

② 550

③ 600

④ 650

✔해설 $A + B + C = 3250 \cdots$ ㉠

$C + 50 = B \cdots$ ㉡

$B = \left(A \times \dfrac{4}{100} + C \right) - 10 \cdots$ ㉢

㉡과 ㉢을 연립하여 풀면

$C + 50 = \left(A \times \dfrac{4}{100} + C \right) - 10$

$0.04A = 60$ ∴ $A = 1500, \ B = 900, \ C = 850$

따라서 $A - B = 1500 - 900 = 600$

CHAPTER 07

수추리력

출제목적 주어진 수열이나 그림에서 규칙을 찾아 정답을 찾는 능력을 측정하고자 하는 영역

출제유형 • 순차적인 증감이 이루어지는 단순한 수열보다는 일정 규칙이 반복되는 유형
　　　　• 두 수와의 관계 혹은 이상의 수와의 관계로 묶여진 수열 문제유형

▌1~4▐ 다음의 제시된 숫자의 배열을 보고 규칙을 적용하여 빈칸에 들어갈 알맞은 숫자를 넣으시오.

1

| 66　63　21　18　6　3　（　　） |

① 1　　　　　　　　　　　　　　　② 2
③ 3　　　　　　　　　　　　　　　④ 4

✔**해설** -3, $\div 3$이 반복되고 있다. 따라서 괄호 안에 들어갈 수는 $3 \div 3 = 1$이다.

2

| -81　-27　-24　-12　-10　-10　（　　） |

① 10　　　　　　　　　　　　　　② -9
③ 8　　　　　　　　　　　　　　　④ -7

✔**해설** $\div 3$, $+3$, $\div 2$, $+2$, $\div 1 \cdots$의 규칙이 이어지고 있다. 따라서 괄호에 들어갈 수는 $-10 + 1 = -9$이다.

3

| | 3 1 3 1 4 2 10 ( ) | |

① 5   ② 6

③ 7   ④ 8

> ✔해설 −2, ×3, −2, ×4, −2, ×5, −2 …
> 따라서 10 − 2 = 8

4

| | 2 6 4   7 21 19   9 27 ( ) | |

① 21   ② 23

③ 25   ④ 27

> ✔해설 첫 번째 수에서 3을 곱하면 두 번째 수가, 두 번째 수에서 2를 빼면 세 번째 수가 나온다.
> 그러므로 (9×3)−2=25

5 다음 기호의 규칙을 보고 빈칸에 알맞은 것을 고르시오.

| | 3 * 5 = 13   4 * 7 = 25   5 * 9 = 41   (7 * 11) * 3 = ( ) | |

① 287   ② 288

③ 289   ④ 290

> ✔해설 두 수를 곱한 후 뒤의 숫자를 뺀 후 처음 숫자를 더하는 규칙을 가지고 있다.
> 그러므로 7 * 11=(7×11)− 11 + 7 = 73, 73 * 3 = (73×3)− 3 + 73 = 289

Answer 1.① 2.② 3.④ 4.③ 5.③

6

$$\frac{2}{88} \quad \frac{4}{77} \quad (\quad) \quad \frac{16}{55} \quad \frac{32}{44} \quad \frac{64}{33} \quad \frac{128}{22}$$

① $\frac{5}{66}$

② $\frac{6}{66}$

③ $\frac{7}{66}$

④ $\frac{8}{66}$

✔️**해설** 분모는 11씩 줄어들고, 분자는 2씩 곱해지는 규칙이다.

7

1 3 5 15 17 51 (   )

① 50

② 53

③ 55

④ 58

✔️**해설** 처음의 숫자에서 ×3, +2가 반복되고 있다.

8

1 3 5 7 10 13 16 (   )

① 15

② 20

③ 25

④ 30

✔️**해설** 처음의 숫자에서 2를 세 번 더하고 다음에 3을 세 번 더하고 있으므로 그 다음은 4를 세 번 더하게 된다.

```
1   3   5   7   10   13   16   (  )
 \ / \ / \ / \ /  \ /  \ /  \ /
  2   2   2   3    3    3    4
```

9

| 99 98 95 86 59 (   ) |

① -22 ② -20

③ 20 ④ 22

✔해설 처음의 숫자에서 3^0, 3^1, 3^2, 3^3, $3^4 \cdots$ 순서대로 뺄셈이 되고 있다.

10

| 1 1 3 8 9 27 27 (   ) |

① 32 ② 42

③ 54 ④ 64

✔해설 1항, 3항, 5항, 7항의 홀수항은 각각 3^0, 3^1, 3^2, 3^3이고 2항, 4항, 6항의 짝수항은 각각 1^3, 2^3, 3^3이므로 (   )안은 $4^3 = 64$가 된다.

11

| $\dfrac{1}{2}$ $\dfrac{1}{6}$ $\dfrac{1}{18}$ (   ) $\dfrac{1}{162}$ $\dfrac{1}{486}$ |

① $\dfrac{1}{36}$ ② $\dfrac{1}{48}$

③ $\dfrac{1}{54}$ ④ $\dfrac{1}{58}$

✔해설 분자의 경우 모두 1이고 분모의 경우 3이 곱해지면서 증가하고 있다.

Answer 6.④ 7.② 8.② 9.① 10.④ 11.③

12

3 5 12   4 7 25   5 6 27   6 7 (   )

① 25　　　　　　　　　　　　　　　② 29

③ 39　　　　　　　　　　　　　　　④ 42

✔해설 규칙성을 찾으면 $3 \times 5 - 12 = 3$, $4 \times 7 - 25 = 3$, $5 \times 6 - 27 = 3$이므로 $6 \times 7 - ($ $) = 3$
∴ (   ) 안에 들어갈 수는 39다.

13

14 2 8   20 4 6   (   ) 6 5

① 22　　　　　　　　　　　　　　　② 24

③ 28　　　　　　　　　　　　　　　④ 32

✔해설 첫 번째 수를 두 번째 수로 나눈 후 그 몫에 1을 더하고 있다. 그러므로 5에서 1을 뺀 후 거기에 6을 곱하면 24가 된다.

14

8 3 2   14 4 3   20 6 3   (   ) 7 4

① 25　　　　　　　　　　　　　　　② 27

③ 30　　　　　　　　　　　　　　　④ 34

✔해설 규칙성을 찾으면 $8 = (3 \times 2) + 2$, $14 = (4 \times 3) + 2$, $20 = (6 \times 3) + 2$이므로 (   ) $= (7 \times 4) + 2$
∴ (   ) 안에 들어갈 수는 30다.

15

		6 2 8 10　　3 7 10 17　　5 8 13 ( )	

① 12　　　　　　　　　　　　　　② 15

③ 18　　　　　　　　　　　　　　④ 21

✔해설 규칙성을 찾으면 6 2 8 10에서 첫 번째 수와 두 번째 수를 더하면 세 번째 수가 되고 두 번째 수와 세 번째 수를 더하면 네 번째 수가 된다.
∴ ( ) 안에 들어갈 수는 21이다.

16

		2 5 10 7 16　　3 2 6 7 12　　5 2 ( ) 6 15	

① 8　　　　　　　　　　　　　　② 10

③ 12　　　　　　　　　　　　　　④ 14

✔해설 규칙성을 찾으면 2 5 10 7 16에서 첫 번째 수와 두 번째 수를 곱하면 세 번째 수가 나오고 세 번째 수와 네 번째 수를 더한 후 1을 빼면 다섯 번째 수가 된다.
∴ ( ) 안에 들어갈 수는 10이다.

17

$$12 * 2 = 4 \quad 15 * 3 = 2 \quad 20 * 4 = (\quad)$$

① 1   ② 3

③ 5   ④ 7

✔**해설** 계산 법칙을 유추하면 첫 번째 수를 두 번째 수로 나눈 후 두 번째 수를 빼고 있다.

18

$$4 \circ 8 = 5 \quad 7 \circ 8 = 11 \quad 9 \circ 5 = 9 \quad 3 \circ (7 \circ 2) = (\quad)$$

① 6   ② 13

③ 19   ④ 24

✔**해설** 계산 법칙을 유추하면 두 수를 곱한 후 십의자리 수와 일의자리 수를 더하고 있으므로 $(7 \circ 2)$는 $7 \times 2 = 14$에서 $1 + 4 = 5$, $3 \circ 5$는 $3 \times 5 = 15$에서 $1 + 5 = 6$
∴ (   ) 안에는 6이 들어간다.

19

$$2 * 3 = 3 \quad 4 * 7 = 21 \quad 5 * 8 = 32 \quad 7 * (5 * 3) = (\quad)$$

① 70   ② 72

③ 74   ④ 76

✔**해설** 계산 법칙을 유추하면 두 수를 곱한 후 두 번째 수를 빼고 있으므로
$5 * 3$은 $5 \times 3 - 3 = 12$, $7 * 12 = 7 \times 12 - 12 = 72$

20

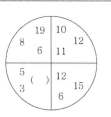

① 12

② 19

③ 25

④ 32

✔해설 원의 나누어진 한 부분의 합이 33이 되어야 한다.

21

① 12

② 14

③ 16

④ 18

✔해설 원의 나누어진 한 부분의 숫자는 모두 곱하면 432가 된다.

22

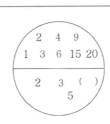

① 2

② 8

③ 14

④ 20

✔해설 원의 위쪽 부분은 모두 더해서 60이 되고 아랫부분은 모두 곱해서 60이 된다.

23

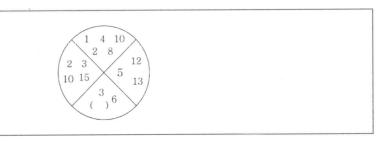

① 14

② 16

③ 18

④ 20

✔해설 원의 나누어진 부분 중 마주보는 부분끼리 숫자의 합이 같다.

│24~26│ 다음 ▲ 표시된 곳의 숫자에서부터 시계방향으로 진행하면서 숫자와의 관계를 고려하여 ? 표시된 곳에 들어갈 알맞은 숫자를 고르시오.

24

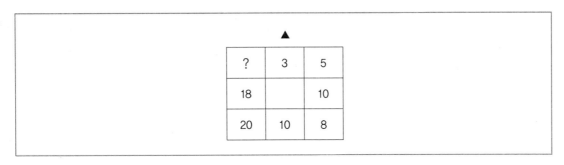

?	3	5
18		10
20	10	8

① 16   ② 18

③ 20   ④ 22

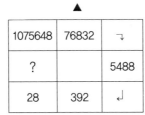 **해설** 3부터 시계방향으로 각 숫자의 차가 +2, ×2, −2의 순서로 변한다.

25

※ 비어있는 칸은 적용하지 아니한다.

▲

1075648	76832	⅂
?		5488
28	392	↵

① 2   ② 4

③ 6   ④ 8

해설 1075648부터 각 숫자에 $\frac{1}{14}$이 곱해지면서 변하고 있다.

26

▲

?	3	4
66		6
34	18	10

① 120   ② 130

③ 140   ④ 150

✔해설 +1, +2, +4, +8, +16, +32로 수가 변하고 있으므로, 66에는 64가 더해져 130이 된다.

|27~40| 다음 ? 표시된 부분에 들어갈 숫자를 고르시오.

27

200	40	20	10	5
5	2	2	?	

① 2   ② 4

③ 6   ④ 8

㉠	㉢	
㉡		

㉢ = ㉠ ÷ ㉡

28

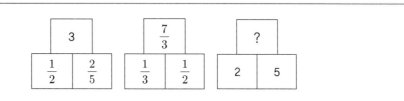

① $\dfrac{11}{5}$

② $\dfrac{17}{5}$

③ $\dfrac{11}{2}$

④ $\dfrac{17}{2}$

$㉠ = ㉡ + \dfrac{1}{㉢}$

29

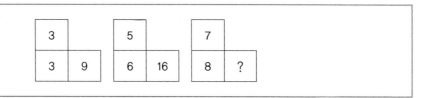

① 22

② 25

③ 28

④ 31

$㉢ = ㉠ \times 2 + ㉡$

30

2	250
10	50

?	750
30	150

① 4

② 5

③ 6

④ 7

 해설

ㄱ	ㄹ
ㄴ	ㄷ

ㄱ→ㄴ→ㄷ→ㄹ로 가면서 각 수에 5를 곱해주었다.

31

2	5	8	11	14
1	7	22	46	?

① 59

② 65

③ 79

④ 85

해설 윗줄에서의 수와 공차가 곱해진 수가 아랫줄에 더해지고 있다.

$$
\begin{array}{ccccc}
2 & 5 & 8 & 11 & 14 \\
& 3 & 3 & 3 & 3 \\
1 & 7 & 22 & 46 & (\ ) \\
2\times3 & 5\times3 & 8\times3 & 11\times3
\end{array}
$$

32

① 5   ② 8

③ 11   ④ 14

✔해설 한 변의 숫자를 더하면 모두 25가 된다.

33

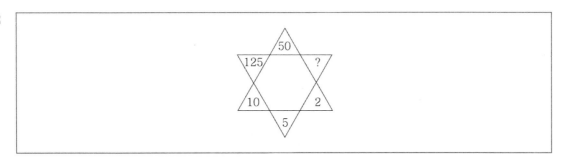

① 21   ② 23

③ 25   ④ 27

✔해설 마주보고 있는 숫자를 곱하면 모두 250이 된다.

34

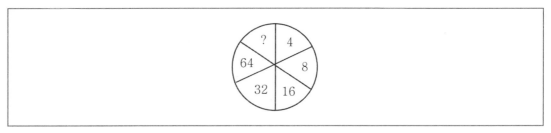

① 126

② 127

③ 128

④ 129

✔해설 4에서 시작해서 시계방향으로 2가 곱해지면서 변하고 있다.

35

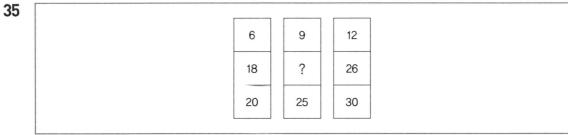

① 21

② 22

③ 23

④ 24

✔해설 첫 번째 줄의 각 숫자의 차는 3이고, 두 번째 줄의 각 숫자의 차는 4이고, 세 번째 줄의 각 숫자의 차는 5이다.

36

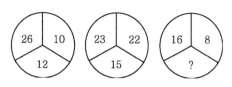

① 8　　　　　　　　　　② 10

③ 12　　　　　　　　　　④ 14

  $©=\dfrac{㉠+㉡}{3}$

37

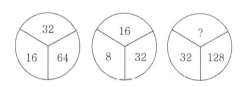

① 60　　　　　　　　　　② 62

③ 64　　　　　　　　　　④ 66

  ⓐ$= ㉠×4$, ⓑ$=㉡×\dfrac{1}{2}$

38

① 2

② 3

③ 4

④ 5

✔해설   ㉠+㉡－㉢＝㉣

39

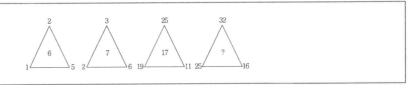

① 14

② 17

③ 20

④ 23

✔해설   ㉠－㉡+㉢＝㉣

40

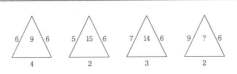

① 27

② 30

③ 33

④ 36

✔해설 $㉣＝\dfrac{㉠×㉡}{㉢}$

41 다음과 같이 수열이 변화한다. (   ) 안에 알맞은 수열은?

$$1\ 2\ 3\ 4\ 5$$
$$\rightarrow 1\ 3\ 5\ 7\ 9$$
$$\rightarrow 1\ 4\ 7\ 0\ 3$$
$$\rightarrow (\qquad\qquad)$$

① 1 5 9 3 7   ② 1 2 3 4 5

③ 1 5 1 7 4   ④ 1 0 1 2 3

> ✔ 해설   첫 번째 줄의 수열은 +1, 두 번째 줄의 수열은 +2, 세 번째 줄의 수열은 +3의 규칙을 따르며, 일의 자리 숫자만 표기하고 있다. 따라서 괄호안의 수열은 +4의 규칙에 따라 1, 5, 9, 13, 17로 진행된다. 일의 자리 숫자만 표기하면 ①과 같다.

42 다음 빈칸에 알맞은 수는?

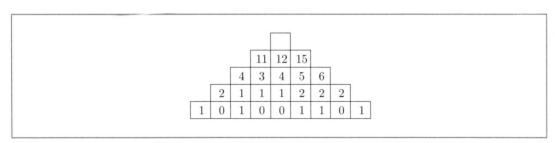

① 38   ② 39

③ 40   ④ 41

> ✔ 해설   한 지점의 수의 값은 그 지점을 기준으로 대각선 아래 좌·우측의 수와 바로 아래에 위치한 수의 합이다. 따라서 빈칸에 들어갈 수는 11+12+15=38이다.

43 다음의 물음표 위치에 알맞은 수는?

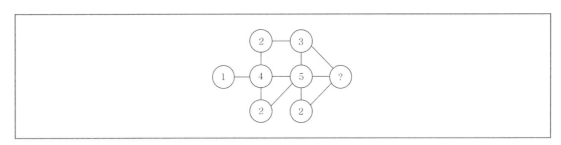

① 2   ② 3

③ 4   ④ 5

✔️**해설** 원 안의 수는 해당 원에 직접 연결된 직선의 개수와 같다. 물음표 위치의 원에는 세 개의 직선이 연결되어 있으므로 3이 들어가야 한다.

44 다음 중 다른 규칙을 가지고 있는 배열은?

① | 1 | ○ | 3 | ▽ | 6 | # | 9 |

② | 1 | ○ | 2 | ▽ | 3 | # | 6 |

③ | 3 | ○ | 1 | ▽ | 3 | # | 6 |

④ | 2 | ○ | 3 | ▽ | 2 | # | 8 |

✔️**해설** ○에는 ×, ▽에는 +, #에는 =을 넣어 식을 계산해본다.
② $1 \times 2 + 3 = 5 \neq 6$
① $1 \times 3 + 6 = 9$
③ $3 \times 1 + 3 = 6$
④ $2 \times 3 + 2 = 8$

45 다음 빈칸에 알맞은 수는?

2	3	4
4	9	16
8	27	64
16	81	

① 80

② 97

③ 128

④ 256

✔해설 첫 번째 줄은 아래로 내려갈수록 숫자가 2배씩, 두 번째 줄은 3배씩, 세 번째 줄은 4배씩 커지고 있다. 따라서 빈칸에는 64×4＝256이 들어간다.

46 다음 빈칸에 알맞은 수는?

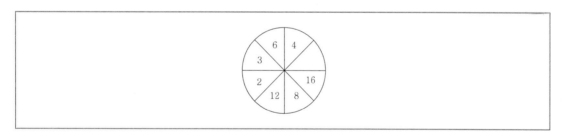

① 18

② 20

③ 22

④ 24

✔해설 3×16＝48, 6×8＝48, 4×12＝48이다. 즉, 서로 마주보는 두 수의 곱이 48이어야 한다. 따라서 빈칸에 들어갈 수는 48÷2＝24이다.

Answer 43.② 44.② 45.④ 46.④

47 다음 빈칸에 알맞은 수는?

1	3	4	7	11	18	

① 23   ② 25

③ 27   ④ 29

> ✔해설 어떤 자리의 수는 왼쪽 앞의 두 수의 합과 같다. 즉, 1+3=4, 3+4=7, 4+7=11 등이다. 따라서 빈칸에 들어갈 수는 11+18=29이다.

48 다음 빈칸에 알맞은 수는?

A	2	C	1	D	3	G		I	4	M

① 1   ② 2

③ 3   ④ 4

> ✔해설 A에서 2칸 이동하면 C, C에서 1칸 이동하면 D, D에서 3칸 이동하면 G, I에서 4칸 이동하면 M이 된다. G에서 빈칸의 숫자만큼 이동하면 I가 된다고 했으므로, 빈칸은 2가 된다.

49 다음과 같이 수열이 변화한다. (　　)에 알맞은 수열은?

$$
\begin{aligned}
&0\ 1\ 2\ 0\ 1\ 2\cdots\\
\rightarrow\ &0\ 2\ 1\ 0\ 2\ 1\cdots\\
\rightarrow\ &0\ 0\ 0\ 0\ 0\ 0\cdots\\
\rightarrow\ &(\qquad\qquad)
\end{aligned}
$$

① 0 2 1 0 2 1 … ② 0 1 1 0 2 2 …

③ 1 1 1 1 1 1 … ④ 0 1 2 0 1 2 …

✔해설 가로로 공통점을 찾기보다는 세로의 공통점을 찾아본다. 첫 번째 줄은 0, 0, 0, 두 번째 줄은 1, 2, 0, 세 번째 줄은 2, 1, 0이며, 이런 순서가 계속 반복되고 있다. 그러므로 빈칸에 들어갈 수열은 0 1 2 0 1 2가 된다.

50 다음 빈칸에 알맞은 수는?

5	○	2	▽	2	#	8
9	○	1	▽	3	#	6
3	○	3	▽	1	#	8
2	○	4	▽	5	#	

① 3 ② 4

③ 5 ④ 6

✔해설 ▽를 중심으로 왼쪽의 숫자 두 개를 곱한 값과 오른쪽의 숫자 두 개를 더한 값이 같다.

㉠ $5\times2=2+8=10$

㉡ $9\times1=3+6=9$

㉢ $3\times3=1+8=9$

㉣ $2\times4=5+x=8$

∴ $x=3$

CHAPTER 08

창의력

[출제목적] 지원자의 창의성을 평가하기 위한 영역

[출제유형] • 사진이나 그림을 보고 자유롭게 떠오르는 생각을 적는 유형
   • 사진 속 물건의 용도를 묻거나 어떤 광고의 한 장면인지를 묻는 등 구체적인 답안을 요구하는 유형

[T I P] 주어진 시간에 비해 문제 해결에 많은 시간이 소요되어 수험생이 시간이 촉박하다고 느끼는 영역이므로, 대답이 너무 허황되지는 않을까라는 생각에 매달려 시간을 소요하기 보다는 자신만의 창의적인 생각을 자유롭게 적자.

▋1~5 ▋ 다음 그림 속의 물건으로 할 수 있는 것들을 모두 적으시오.

1

2

3

4

5

▌6~11▌ 다음 사진을 보고 연상되는 단어를 15가지 쓰시오.

6

7

8

9

10

11

▌12~17▐ 다음 제시된 사진을 보고 상황을 창의적으로 서술해 보시오.

12

13

14

15

16

17

▌18~23▐ 다음 제시된 그림을 보고 연상되는 것을 생각나는 대로 적으시오.

18

19

20

21

22

23

01 인성검사의 개요

02 실전 인성검사

PART

03

인성검사

CHAPTER 01

인성검사의 개요

01 인성(성격)검사의 개념과 목적

인성(성격)이란 개인을 특징짓는 평범하고 일상적인 사회적 이미지, 즉 지속적이고 일관된 공적 성격 (Public - personality)이며, 환경에 대응함으로써 선천적 · 후천적 요소의 상호작용으로 결정화된 심리적 · 사회적 특성 및 경향을 의미한다.

인성검사는 직무적성검사를 실시하는 대부분의 기업체에서 병행하여 실시하고 있으며, 인성검사만 독자적으로 실시하는 기업도 있다.

기업체에서는 인성검사를 통하여 각 개인이 어떠한 성격 특성이 발달되어 있고, 어떤 특성이 얼마나 부족한지, 그것이 해당 직무의 특성 및 조직문화와 얼마나 맞는지를 알아보고 이에 적합한 인재를 선발하고자 한다. 또한 개인에게 적합한 직무 배분과 부족한 부분을 교육을 통해 보완하도록 할 수 있다.

인성검사의 측정요소는 검사방법에 따라 차이가 있다. 또한 각 기업체들이 사용하고 있는 인성검사는 기존에 개발된 인성검사방법에 각 기업체의 인재상을 적용하여 자신들에게 적합하게 재개발하여 사용하는 경우가 많다. 그러므로 기업체에서 요구하는 인재상을 파악하여 그에 따른 대비책을 준비하는 것이 바람직하다. 본서에서 제시된 인성검사는 크게 '특성'과 '유형'의 측면에서 측정하게 된다.

02 성격의 특성

(1) 정서적 측면

정서적 측면은 평소 마음의 당연시하는 자세나 정신상태가 얼마나 안정되어 있는지 또는 불안정한지를 측정한다.

정서의 상태는 직무수행이나 대인관계와 관련하여 태도나 행동으로 드러난다. 그러므로 정서적 측면을 측정하는 것에 의해, 장래 조직 내의 인간관계에 어느 정도 잘 적응할 수 있을까(또는 적응하지 못할까)를 예측하는 것이 가능하다.

그렇기 때문에, 정서적 측면의 결과는 채용 시에 상당히 중시된다. 아무리 능력이 좋아도 장기적으로 조직 내의 인간관계에 잘 적응할 수 없다고 판단되는 인재는 기본적으로는 채용되지 않는다.

일반적으로 인성(성격)검사는 채용과는 관계없다고 생각하나 정서적으로 조직에 적응하지 못하는 인재는 채용단계에서 가려내지는 것을 유의하여야 한다.

① **민감성(신경도)** … 꼼꼼함, 섬세함, 성실함 등의 요소를 통해 일반적으로 신경질적인지 또는 자신의 존재를 위협받는다는 불안을 갖기 쉬운지를 측정한다.

질문	전혀 그렇지 않다	그렇지 않다	그렇다	매우 그렇다
• 배려적이라고 생각한다. • 어지러진 방에 있으면 불안하다. • 실패 후에는 불안하다. • 세세한 것까지 신경쓴다. • 이유 없이 불안할 때가 있다.				

▶측정결과

㉠ '그렇다'가 많은 경우(상처받기 쉬운 유형) : 사소한 일에 신경 쓰고 다른 사람의 사소한 한마디 말에 상처를 받기 쉽다.
  • 면접관의 심리 : '동료들과 잘 지낼 수 있을까?', '실패할 때마다 위축되지 않을까?'
  • 면접대책 : 다소 신경질적이라도 능력을 발휘할 수 있다는 평가를 얻도록 한다. 주변과 충분한 의사소통이 가능하고, 결정한 것을 실행할 수 있다는 것을 보여주어야 한다.

㉡ '그렇지 않다'가 많은 경우(정신적으로 안정적인 유형) : 사소한 일에 신경 쓰지 않고 금방 해결하며, 주위 사람의 말에 과민하게 반응하지 않는다.
  • 면접관의 심리 : '계약할 때 필요한 유형이고, 사고 발생에도 유연하게 대처할 수 있다.'
  • 면접대책 : 일반적으로 '민감성'의 측정치가 낮으면 플러스 평가를 받으므로 더욱 자신감 있는 모습을 보여준다.

② **자책성(과민도)** … 자신을 비난하거나 책망하는 정도를 측정한다.

질문	전혀 그렇지 않다	그렇지 않다	그렇다	매우 그렇다
• 후회하는 일이 많다. • 자신이 하찮은 존재라 생각된다. • 문제가 발생하면 자기의 탓이라고 생각한다. • 무슨 일이든지 끙끙대며 진행하는 경향이 있다. • 온순한 편이다.				

▶측정결과

㉠ '그렇다'가 많은 경우(자책하는 유형) : 비관적이고 후회하는 유형이다.
  • 면접관의 심리 : '끙끙대며 괴로워하고, 일을 진행하지 못할 것 같다.'
  • 면접대책 : 기분이 저조해도 항상 의욕을 가지고 생활하는 것과 책임감이 강하다는 것을 보여준다.
㉡ '그렇지 않다'가 많은 경우(낙천적인 유형) : 기분이 항상 밝은 편이다.
  • 면접관의 심리 : '안정된 대인관계를 맺을 수 있고, 외부의 압력에도 흔들리지 않는다.'
  • 면접대책 : 일반적으로 '자책성'의 측정치가 낮아야 좋은 평가를 받는다.

③ **기분성(불안도)** … 기분의 굴곡이나 감정적인 면의 미숙함이 어느 정도인지를 측정하는 것이다.

질문	전혀 그렇지 않다	그렇지 않다	그렇다	매우 그렇다
• 다른 사람의 의견에 자신의 결정이 흔들리는 경우가 많다. • 기분이 쉽게 변한다. • 종종 후회한다. • 다른 사람보다 의지가 약한 편이라고 생각한다. • 금방 싫증을 내는 성격이라는 말을 자주 듣는다.				

▶측정결과

㉠ '그렇다'가 많은 경우(감정의 기복이 많은 유형) : 의지력보다 기분에 따라 행동하기 쉽다.
  • 면접관의 심리 : '감정적인 것에 약하며, 상황에 따라 생산성이 떨어지지 않을까?'
  • 면접대책 : 주변 사람들과 항상 협조한다는 것을 강조하고 한결같은 상태로 일할 수 있다는 평가를 받도록 한다.
㉡ '그렇지 않다'가 많은 경우(감정의 기복이 적은 유형) : 감정의 기복이 없고, 안정적이다.
  • 면접관의 심리 : '안정적으로 업무에 임할 수 있다.'
  • 면접대책 : 기분성의 측정치가 낮으면 플러스 평가를 받으므로 자신감을 가지고 면접에 임한다.

④ **독자성(개인도)** … 주변에 대한 견해나 관심, 자신의 견해나 생각에 어느 정도의 속박감을 가지고 있는지를 측정한다.

질문	전혀 그렇지 않다	그렇지 않다	그렇다	매우 그렇다
• 창의적 사고방식을 가지고 있다. • 융통성이 없는 편이다. • 혼자 있는 편이 많은 사람과 있는 것보다 편하다. • 개성적이라는 말을 듣는다. • 교제는 번거로운 것이라고 생각하는 경우가 많다.				

▶측정결과

㉠ '그렇다'가 많은 경우 : 자기의 관점을 중요하게 생각하는 유형으로, 주위의 상황보다 자신의 느낌과 생각을 중시한다.
　• 면접관의 심리 : '제멋대로 행동하지 않을까?'
　• 면접대책 : 주위 사람과 협조하여 일을 진행할 수 있다는 것과 상식에 얽매이지 않는다는 인상을 심어준다.

㉡ '그렇지 않다'가 많은 경우 : 상식적으로 행동하고 주변 사람의 시선에 신경을 쓴다.
　• 면접관의 심리 : '다른 직원들과 협조하여 업무를 진행할 수 있겠다.'
　• 면접대책 : 협조성이 요구되는 기업체에서는 플러스 평가를 받을 수 있다.

⑤ **자신감**(자존심도) … 자기 자신에 대해 얼마나 긍정적으로 평가하는지를 측정한다.

질문	전혀 그렇지 않다	그렇지 않다	그렇다	매우 그렇다
• 다른 사람보다 능력이 뛰어나다고 생각한다. • 다소 반대의견이 있어도 나만의 생각으로 행동할 수 있다. • 나는 다른 사람보다 기가 센 편이다. • 동료가 나를 모욕해도 무시할 수 있다. • 대개의 일을 목적한 대로 헤쳐나갈 수 있다고 생각한다.				

▶측정결과

㉠ '그렇다'가 많은 경우 : 자기 능력이나 외모 등에 자신감이 있고, 비판당하는 것을 좋아하지 않는다.
  • 면접관의 심리 : '자만하여 지시에 잘 따를 수 있을까?'
  • 면접대책 : 다른 사람의 조언을 잘 받아들이고, 겸허하게 반성하는 면이 있다는 것을 보여주고, 동료들과 잘 지내며 리더의 자질이 있다는 것을 강조한다.
㉡ '그렇지 않다'가 많은 경우 : 자신감이 없고 다른 사람의 비판에 약하다.
  • 면접관의 심리 : '패기가 부족하지 않을까?', '쉽게 좌절하지 않을까?'
  • 면접대책 : 극도의 자신감 부족으로 평가되지는 않는다. 그러나 마음이 약한 면은 있지만 의욕적으로 일을 히겠다는 마음가짐을 보여준다.

⑥ **고양성**(분위기에 들뜨는 정도) … 자유분방함, 명랑함과 같이 감정(기분)의 높고 낮음의 정도를 측정한다

질문	전혀 그렇지 않다	그렇지 않다	그렇다	매우 그렇다
• 침착하지 못한 편이다. • 다른 사람보다 쉽게 우쭐해진다. • 모든 사람이 아는 유명인사가 되고 싶다. • 모임이나 집단에서 분위기를 이끄는 편이다. • 취미 등이 오랫동안 지속되지 않는 편이다.				

▶측정결과

㉠ '그렇다'가 많은 경우 : 자극이나 변화가 있는 일상을 원하고 기분을 들뜨게 하는 사람과 친밀하게 지내는 경향이 강하다.
  • 면접관의 심리 : '일을 진행하는 데 변덕스럽지 않을까?'
  • 면접대책 : 밝은 태도는 플러스 평가를 받을 수 있지만, 착실한 업무능력이 요구되는 직종에서는 마이너스 평가가 될 수 있다. 따라서 자기조절이 가능하다는 것을 보여준다.

㉡ '그렇지 않다'가 많은 경우 : 감정이 항상 일정하고, 속을 드러내 보이지 않는다.
  • 면접관의 심리 : '안정적인 업무 태도를 기대할 수 있겠다.'
  • 면접대책 : '고양성'의 낮음은 대체로 플러스 평가를 받을 수 있다. 그러나 '무엇을 생각하고 있는지 모르겠다' 등의 평을 듣지 않도록 주의한다.

⑦ 허위성(진위성) … 필요 이상으로 자기를 좋게 보이려 하거나 기업체가 원하는 '이상형'에 맞춘 대답을 하고 있는지, 없는지를 측정한다.

질문	전혀 그렇지 않다	그렇지 않다	그렇다	매우 그렇다
• 약속을 깨뜨린 적이 한 번도 없다. • 다른 사람을 부럽다고 생각해 본 적이 없다. • 꾸지람을 들은 적이 없다. • 사람을 미워한 적이 없다. • 화를 낸 적이 한 번도 없다.				

▶측정결과

㉠ '그렇다'가 많은 경우 : 실제의 자기와는 다른, 말하자면 원칙으로 해답할 가능성이 있다.
  • 면접관의 심리 : '거짓을 말하고 있다.'
  • 면접대책 : 조금이라도 좋게 보이려고 하는 '거짓말쟁이'로 평가될 수 있다. '거짓을 말하고 있다.'는 마음 따위가 전혀 없다 해도 결과적으로는 정직하게 답하지 않는다는 것이 되어 버린다. '허위성'의 측정 질문은 구분되지 않고 다른 질문 중에 섞여 있다. 그러므로 모든 질문에 솔직하게 답하여야 한다. 또한 자기 자신과 너무 동떨어진 이미지로 답하면 좋은 결과를 얻지 못한다. 그리고 면접에서 '허위성'을 기본으로 한 질문을 받게 되므로 당황하거나 또다른 모순된 답변을 하게 된다. 겉치레를 하거나 무리한 욕심을 부리지 말고 '이런 사회인이 되고 싶다.'는 현재의 자신보다, 조금 성장한 자신을 표현하는 정도가 적당하다.

㉡ '그렇지 않다'가 많은 경우 : 냉정하고 정직하며, 외부의 압력과 스트레스에 강한 유형이다. '대쪽 같음'의 이미지가 굳어지지 않도록 주의한다.

(2) 행동적인 측면

행동적 측면은 인격 중에 특히 행동으로 드러나기 쉬운 측면을 측정한다. 사람의 행동 특징 자체에는 선도 악도 없으나, 일반적으로는 일의 내용에 의해 원하는 행동이 있다. 때문에 행동적 측면은 주로 직종과 깊은 관계가 있는데 자신의 행동 특성을 살려 적합한 직종을 선택한다면 플러스가 될 수 있다.

행동 특성에서 보여 지는 특징은 면접장면에서도 드러나기 쉬운데 본서의 모의 TEST의 결과를 참고하여 자신의 태도, 행동이 면접관의 시선에 어떻게 비치는지를 점검하도록 한다.

① **사회적 내향성** … 대인관계에서 나타나는 행동경향으로 '낯가림'을 측정한다.

질문	선택
A : 파티에서는 사람을 소개받은 편이다. B : 파티에서는 사람을 소개하는 편이다.	
A : 처음 보는 사람과는 어색하게 시간을 보내는 편이다. B : 처음 보는 사람과는 즐거운 시간을 보내는 편이다.	
A : 친구가 적은 편이다. B : 친구가 많은 편이다.	
A : 자신의 의견을 말하는 경우가 적다. B : 자신의 의견을 말하는 경우가 많다.	
A : 사교적인 모임에 참석하는 것을 좋아하지 않는다. B : 사교적인 모임에 항상 참석한다.	

▶측정결과

㉠ 'A'가 많은 경우 : 내성적이고 사람들과 접하는 것에 소극적이다. 자신의 의견을 말하지 않고 조심스러운 편이다.
 • 면접관의 심리 : '소극적인데 동료와 잘 지낼 수 있을까?'
 • 면접대책 : 대인관계를 맺는 것을 싫어하지 않고 의욕적으로 일을 할 수 있다는 것을 보여준다.
㉡ 'B'가 많은 경우 : 사교적이고 자기의 생각을 명확하게 전달할 수 있다.
 • 면접관의 심리 : '사교적이고 활동적인 것은 좋지만, 자기주장이 너무 강하지 않을까?'
 • 면접대책 : 협조성을 보여주고, 자기주장이 너무 강하다는 인상을 주지 않도록 주의한다.

② 내성성(침착도) … 자신의 행동과 일에 대해 침착하게 생각하는 정도를 측정한다.

질문	선택
A : 시간이 걸려도 침착하게 생각하는 경우가 많다. B : 짧은 시간에 결정을 하는 경우가 많다.	
A : 실패의 원인을 찾고 반성하는 편이다. B : 실패를 해도 그다지(별로) 개의치 않는다.	
A : 결론이 도출되어도 몇 번 정도 생각을 바꾼다. B : 결론이 도출되면 신속하게 행동으로 옮긴다.	
A : 여러 가지 생각하는 것이 능숙하다. B : 여러 가지 일을 재빨리 능숙하게 처리하는 데 익숙하다.	
A : 여러 가지 측면에서 사물을 검토한다. B : 행동한 후 생각을 한다.	

▶측정결과
㉠ 'A'가 많은 경우 : 행동하기 보다는 생각하는 것을 좋아하고 신중하게 계획을 세워 실행한다.
 • 면접관의 심리 : '행동으로 실천하지 못하고, 대응이 늦은 경향이 있지 않을까?'
 • 면접대책 : 발로 뛰는 것을 좋아하고, 일을 더디게 한다는 인상을 주지 않도록 한다.
㉡ 'B'가 많은 경우 : 차분하게 생각하는 것보다 우선 행동하는 유형이다.
 • 면접관의 심리 : '생각하는 것을 싫어하고 경솔한 행동을 하지 않을까?'
 • 면접대책 : 계획을 세우고 행동할 수 있는 것을 보여주고 '사려깊다'라는 인상을 남기도록 한다.

③ **신체활동성** … 몸을 움직이는 것을 좋아하는가를 측정한다.

질문	선택
A : 민첩하게 활동하는 편이다. B : 준비행동이 없는 편이다.	
A : 일을 척척 해치우는 편이다. B : 일을 더디게 처리하는 편이다.	
A : 활발하다는 말을 듣는다. B : 얌전하다는 말을 듣는다.	
A : 몸을 움직이는 것을 좋아한다. B : 가만히 있는 것을 좋아한다.	
A : 스포츠를 하는 것을 즐긴다. B : 스포츠를 보는 것을 좋아한다.	

▶측정결과

㉠ 'A'가 많은 경우 : 활동적이고, 몸을 움직이게 하는 것이 컨디션이 좋다.

• 면접관의 심리 : '활동적으로 활동력이 좋아 보인다.'

• 면접대책 : 활동하고 얻은 성과 등과 주어진 상황의 대응능력을 보여준다.

㉡ 'B'가 많은 경우 : 침착한 인상으로, 차분하게 있는 타입이다.

• 면접관의 심리 : '좀처럼 행동하려 하지 않아 보이고, 일을 빠르게 처리할 수 있을까?'

④ **지속성(노력성)** … 무슨 일이든 포기하지 않고 끈기 있게 하려는 정도를 측정한다.

질문	선택
A : 일단 시작한 일은 시간이 걸려도 끝까지 마무리한다. B : 일을 하다 어려움에 부딪히면 단념한다.	
A : 끈질긴 편이다. B : 바로 단념하는 편이다.	
A : 인내가 강하다는 말을 듣는다. B : 금방 싫증을 낸다는 말을 듣는다.	
A : 집념이 깊은 편이다. B : 담백한 편이다.	
A : 한 가지 일에 구애되는 것이 좋다고 생각한다. B : 간단하게 체념하는 것이 좋다고 생각한다.	

▶측정결과

㉠ 'A'가 많은 경우 : 시작한 것은 어려움이 있어도 포기하지 않고 인내심이 높다.
• **면접관의 심리** : '한 가지의 일에 너무 구애되고, 업무의 진행이 원활할까?'
• **면접대책** : 인내력이 있는 것은 플러스 평가를 받을 수 있지만 집착이 강해 보이기도 한다.

㉡ 'B'가 많은 경우 : 뒤끝이 없고 조그만 실패로 일을 포기하기 쉽다.
• **면접관의 심리** : '질리는 성향이 있고, 일을 정확히 끝낼 수 있을까?'
• **면접대책** : 지속적인 노력으로 성공했던 사례를 준비하도록 한다.

⑤ 신중성(주의성) … 자신이 처한 주변상황을 즉시 파악하고 자신의 행동이 어떤 영향을 미치는지를 측정한다.

질문	선택
A : 여러 가지로 생각하면서 완벽하게 준비하는 편이다. B : 행동할 때부터 임기응변적인 대응을 하는 편이다.	
A : 신중해서 타이밍을 놓치는 편이다. B : 준비 부족으로 실패하는 편이다.	
A : 자신은 어떤 일에도 신중히 대응하는 편이다. B : 순간적인 충동으로 활동하는 편이다.	
A : 시험을 볼 때 끝날 때까지 재검토하는 편이다. B : 시험을 볼 때 한 번에 모든 것을 마치는 편이다.	
A : 일에 대해 계획표를 만들어 실행한다. B : 일에 대한 계획표 없이 진행한다.	

▶측정결과

㉠ 'A'가 많은 경우 : 주변 상황에 민감하고, 예측하여 계획 있게 일을 진행한다.
- 면접관의 심리 : '너무 신중해서 적절한 판단을 할 수 있을까?', '앞으로의 상황에 불안을 느끼지 않을까?'
- 면접대책 : 예측을 하고 실행을 하는 것은 플러스 평가가 되지만, 너무 신중하면 일의 진행이 정체될 가능성을 보이므로 추진력이 있다는 강한 의욕을 보여준다.

㉡ 'B'가 많은 경우 : 주변 상황을 살펴보지 않고 확실한 계획 없이 일을 진행시킨다.
- 면접관의 심리 : '사려 깊지 않고, 실패하는 일이 많지 않을까?', '판단이 빠르고 유연한 사고를 할 수 있을까?'
- 면접대책 : 사전준비를 중요하게 생각하고 있다는 것 등을 보여주고, 경솔한 인상을 주지 않도록 한다. 또한 판단력이 빠르거나 유연한 사고 덕분에 일 처리를 잘 할 수 있다는 것을 강조한다.

(3) 의욕적인 측면

의욕적인 측면은 의욕의 정도, 활동력의 유무 등을 측정한다. 여기서의 의욕이란 우리들이 보통 말하고 사용하는 '하려는 의지'와는 조금 뉘앙스가 다르다. '하려는 의지'란 그 때의 환경이나 기분에 따라 변화하는 것이지만, 여기에서는 조금 더 변화하기 어려운 특징, 말하자면 정신적 에너지의 양으로 측정하는 것이다.

의욕적 측면은 행동적 측면과는 다르고, 전반적으로 어느 정도 점수가 높은 쪽을 선호한다. 모의검사의 의욕적 측면의 결과가 낮다면, 평소 일에 몰두할 때 조금 의욕 있는 자세를 가지고 서서히 개선하도록 노력해야 한다.

① 달성의욕 … 목적의식을 가지고 높은 이상을 가지고 있는지를 측정한다.

질문	선택
A : 경쟁심이 강한 편이다. B : 경쟁심이 약한 편이다.	
A : 어떤 한 분야에서 제 1 인자가 되고 싶다고 생각한다. B : 어느 분야에서든 성실하게 임무를 진행하고 싶다고 생각한다.	
A : 규모가 큰 일을 해보고 싶다. B : 맡은 일에 충실히 임하고 싶다.	
A : 아무리 노력해도 실패한 것은 아무런 도움이 되지 않는다. B : 가령 실패했을 지라도 나름대로의 노력이 있었으므로 괜찮다.	
A : 높은 목표를 설정하여 수행하는 것이 의욕적이다. B : 실현 가능한 정도의 목표를 설정하는 것이 의욕적이다.	

▶측정결과

㉠ 'A'가 많은 경우 : 큰 목표와 높은 이상을 가지고 승부욕이 강한 편이다.
  • 면접관의 심리 : '열심히 일을 해줄 것 같은 유형이다.'
  • 면접대책 : 달성의욕이 높다는 것은 어떤 직종이라도 플러스 평가가 된다.
㉡ 'B'가 많은 경우 : 현재의 생활을 소중하게 여기고 비약적인 발전을 위하여 기를 쓰지 않는다.
  • 면접관의 심리 : '외부의 압력에 약하고, 기획입안 등을 하기 어려울 것이다.'
  • 면접대책 : 일을 통하여 하고 싶은 것들을 구체적으로 어필한다.

② **활동의욕** … 자신에게 잠재된 에너지의 크기로, 정신적인 측면의 활동력이라 할 수 있다.

질문	선택
A : 하고 싶은 일을 실행으로 옮기는 편이다. B : 하고 싶은 일을 좀처럼 실행할 수 없는 편이다.	
A : 어려운 문제를 해결해 가는 것이 좋다. B : 어려운 문제를 해결하는 것을 잘하지 못한다.	
A : 일반적으로 결단이 빠른 편이다. B : 일반적으로 결단이 느린 편이다.	
A : 곤란한 상황에도 도전하는 편이다. B : 사물의 본질을 깊게 관찰하는 편이다.	
A : 시원시원하다는 말을 잘 듣는다. B : 꼼꼼하다는 말을 잘 듣는다.	

▶측정결과

㉠ 'A'가 많은 경우 : 꾸물거리는 것을 싫어하고 재빠르게 결단해서 행동하는 타입이다.
  • 면접관의 심리 : '일을 처리하는 솜씨가 좋고, 일을 척척 진행할 수 있을 것 같다.'
  • 면접대책 : 활동의욕이 높은 것은 플러스 평가가 된다. 사교성이나 활동성이 강하다는 인상을 준다.
㉡ 'B'가 많은 경우 : 안전하고 확실한 방법을 모색하고 차분하게 시간을 아껴서 일에 임하는 타입이다.
  • 면접관의 심리 : '재빨리 행동을 못하고, 일의 서리속도기 느린 것이 아닐까?'
  • 면접대책 : 활동성이 있는 것을 좋아하고 움직임이 더디다는 인상을 주지 않도록 한다.

03 성격의 유형

(1) 인성검사유형의 4가지 척도

정서적인 측면, 행동적인 측면, 의욕적인 측면의 요소들은 성격 특성이라는 관점에서 제시된 것으로 각 개인의 장·단점을 파악하는 데 유용하다. 그러나 전체적인 개인의 인성을 이해하는 데는 한계가 있다.

성격의 유형은 개인의 '성격적인 특색'을 가리키는 것으로, 사회인으로서 적합한지, 아닌지를 말하는 관점과는 관계가 없다. 따라서 채용의 합격 여부에는 사용되지 않는 경우가 많으며, 입사 후의 적정 부서 배치의 자료가 되는 편이라 생각하면 된다. 그러나 채용과 관계가 없다고 해서 아무런 준비도 필요없는 것은 아니다. 자신을 아는 것은 면접 대책의 밑거름이 되므로 모의검사 결과를 충분히 활용하도록 하여야 한다.

본서에서는 4개의 척도를 사용하여 기본적으로 16개의 패턴으로 성격의 유형을 분류하고 있다. 각 개인의 성격이 어떤 유형인지 재빨리 파악하기 위해 사용되며, '적성'에 맞는지, 맞지 않는지의 관점에 활용된다.

- 흥미·관심의 방향 : 내향형 ←————————→ 외향형
- 사물에 대한 견해 : 직관형 ←————————→ 감각형
- 판단하는 방법 : 감정형 ←————————→ 사고형
- 환경에 대한 접근방법 : 지각형 ←————————→ 판단형

(2) 성격유형

① 흥미·관심의 방향(내향 ⇆ 외향) … 흥미·관심의 방향이 자신의 내면에 있는지, 주위환경 등 외면에 향하는 지를 가리키는 척도이다.

질문	선택
A : 내성적인 성격인 편이다. B : 개방적인 성격인 편이다.	
A : 항상 신중하게 생각을 하는 편이다. R : 바로 행동에 착수하는 편이다.	
A : 수수하고 조심스러운 편이다. B : 자기 표현력이 강한 편이다.	
A : 다른 사람과 함께 있으면 침착하지 않다. B : 혼자서 있으면 침착하지 않다.	

▶측정결과
- ㉠ 'A'가 많은 경우(내향) : 관심의 방향이 자기 내면에 있으며, 조용하고 낯을 가리는 유형이다. 행동력은 부족하나 집중력이 뛰어나고 신중하고 꼼꼼하다.
- ㉡ 'B'가 많은 경우(외향) : 관심의 방향이 외부환경에 있으며, 사교적이고 활동적인 유형이다. 꼼꼼함이 부족하여 대충하는 경향이 있으나 행동력이 있다.

② 일(사물)을 보는 **방법**(직감 ⇆ 감각) … 일(사물)을 보는 법이 직감적으로 형식에 얽매이는지, 감각적으로 상식적인지를 가리키는 척도이다.

질문	선택
A : 현실주의적인 편이다. B : 상상력이 풍부한 편이다. A : 정형적인 방법으로 일을 처리하는 것을 좋아한다. B : 만들어진 방법에 변화가 있는 것을 좋아한다. A : 경험에서 가장 적합한 방법으로 선택한다. B : 지금까지 없었던 새로운 방법을 개척하는 것을 좋아한다. A : 성실하다는 말을 듣는다. B : 호기심이 강하다는 말을 듣는다.	

▶측정결과
㉠ 'A'가 많은 경우(감각) : 현실적이고 경험주의적이며 보수적인 유형이다.
㉡ 'B'가 많은 경우(직관) : 새로운 주제를 좋아하며, 독자적인 시각을 가진 유형이다.

③ 판단하는 **방법**(감정 ⇆ 사고) … 일을 감정적으로 판단하는지, 논리적으로 판단하는지를 가리키는 척도이다.

질문	선택
A : 인간관계를 중시하는 편이다. B : 일의 내용을 중시하는 편이다. A : 결론을 자기의 신념과 감정에서 이끌어내는 편이다. B : 결론을 논리적 사고에 의거하여 내리는 편이다. A : 다른 사람보다 동정적이고 눈물이 많은 편이다. B : 다른 사람보다 이성적이고 냉정하게 대응하는 편이다. A : 남의 이야기를 듣고 감정몰입이 빠른 편이다. B : 고민 상담을 받으면 해결책을 제시해주는 편이다.	

▶측정결과
㉠ 'A'가 많은 경우(감정) : 일을 판단할 때 마음·감정을 중요하게 여기는 유형이다. 감정이 풍부하고 친절하나 엄격함이 부족하고 우유부단하며, 합리성이 부족하다.
㉡ 'B'가 많은 경우(사고) : 일을 판단할 때 논리성을 중요하게 여기는 유형이다. 이성적이고 합리적이나 타인에 대한 배려가 부족하다.

④ 환경에 대한 접근방법 … 주변상황에 어떻게 접근하는지, 그 판단기준을 어디에 두는지를 측정한다.

질문	선택
A : 사전에 계획을 세우지 않고 행동한다. B : 반드시 계획을 세우고 그것에 의거해서 행동한다.	
A : 자유롭게 행동하는 것을 좋아한다. B : 조직적으로 행동하는 것을 좋아한다.	
A : 조직성이나 관습에 속박당하지 않는다. B : 조직성이나 관습을 중요하게 여긴다.	
A : 계획 없이 낭비가 심한 편이다. B : 예산을 세워 물건을 구입하는 편이다.	

▶측정결과

㉠ 'A'가 많은 경우(지각) : 일의 변화에 융통성을 가지고 유연하게 대응하는 유형이다. 낙관적이며 질서보다는 자유를 좋아하나 임기응변식의 대응으로 무계획적인 인상을 줄 수 있다.

㉡ 'B'가 많은 경우(판단) : 일의 진행시 계획을 세워서 실행하는 유형이다. 순차적으로 진행하는 일을 좋아하고 끈기가 있으나 변화에 대해 적절하게 대응하지 못하는 경향이 있다.

04 인성검사의 대책

(1) 미리 알아두어야 할 점

① 출제 문항 수 … 인성검사의 출제 문항 수는 특별히 정해진 것이 아니며 각 기업체의 기준에 따라 달라질 수 있다. 보통 100문항 이상에서 500문항까지 출제된다고 예상하면 된다.

② 출제형식

　㉠ 1Set로 묶인 세 개의 문항 중 자신에게 가장 가까운 것(Most)과 가장 먼 것(Least)을 하나씩 고르는 유형

다음 세 가지 문항 중 자신에게 가장 가까운 것은 Most, 가장 먼 것은 Least에 체크하시오.

질문	Most	Least
① 자신의 생각이나 의견은 좀처럼 변하지 않는다.	✔	
② 구입한 후 끝까지 읽지 않은 책이 많다.		✔
③ 여행가기 전에 계획을 세운다.		

　㉡ '예' 아니면 '아니오'의 유형

다음 문항을 읽고 자신에게 해당되는지 안 되는지를 판단하여 해당될 경우 '예'를, 해당되지 않을 경우 '아니오'를 고르시오.

질문	예	아니오
① 걱정거리가 있어서 잠을 못 잘 때가 있다.	✔	
② 시간에 쫓기는 것이 싫다.		✔

　㉢ 그 외의 유형

다음 문항에 대해서 평소에 자신이 생각하고 있는 것이나 행동하고 있는 것에 체크하시오.

질문	전혀 그렇지 않다	그렇지 않다	그렇다	매우 그렇다
① 머리를 쓰는 것보다 땀을 흘리는 일이 좋다.			✔	
② 자신은 사교적이 아니라고 생각한다.	✔			

(2) 임하는 자세

① **솔직하게 있는 그대로 표현한다** … 인성검사는 평범한 일상생활 내용들을 다룬 짧은 문장과 어떤 대상이나 일에 대한 선로를 선택하는 문장으로 구성되었으므로 평소에 자신이 생각한 바를 너무 골똘히 생각하지 말고 문제를 보는 순간 떠오른 것을 표현한다.

② **모든 문제를 신속하게 대답한다** … 인성검사는 시간 제한이 없는 것이 원칙이지만 기업체들은 일정한 시간 제한을 두고 있다. 인성검사는 개인의 성격과 자질을 알아보기 위한 검사이기 때문에 정답이 없다. 다만, 기업체에서 바람직하게 생각하거나 기대되는 결과가 있을 뿐이다. 따라서 시간에 쫓겨서 대충 대답을 하는 것은 바람직하지 못하다.

실전 인성검사

▮1~400▮ 다음 (　　) 안에 당신에게 적합하다면 YES, 그렇지 않다면 NO를 선택하시오(인성검사는 응시자의 인성을 파악하기 위한 자료이므로 정답이 존재하지 않습니다).

YES　NO

1. 조금이라도 나쁜 소식은 절망의 시작이라고 생각해버린다. ……………………………(　)(　)
2. 언제나 실패가 걱정이 되어 어쩔 줄 모른다. ………………………………………………(　)(　)
3. 다수결의 의견에 따르는 편이다. ……………………………………………………………(　)(　)
4. 혼자서 식당에 들어가는 것은 전혀 두려운 일이 아니다. …………………………………(　)(　)
5. 승부근성이 강하다. ……………………………………………………………………………(　)(　)
6. 자주 흥분해서 침착하지 못하다. ……………………………………………………………(　)(　)
7. 지금까지 살면서 타인에게 폐를 끼친 적이 없다. …………………………………………(　)(　)
8. 소곤소곤 이야기하는 것을 보면 자기에 대해 험담하고 있는 것으로 생각된다. ………(　)(　)
9. 무엇이든지 자기가 나쁘다고 생각하는 편이다. ……………………………………………(　)(　)
10. 자신을 변덕스러운 사람이라고 생각한다. …………………………………………………(　)(　)
11. 고독을 즐기는 편이다. ………………………………………………………………………(　)(　)
12. 자존심이 강하다고 생각한다. ………………………………………………………………(　)(　)
13. 금방 흥분하는 성격이다. ……………………………………………………………………(　)(　)
14. 거짓말을 한 적이 없다. ………………………………………………………………………(　)(　)
15. 신경질적인 편이다. ……………………………………………………………………………(　)(　)
16. 끙끙대며 고민하는 타입이다. ………………………………………………………………(　)(　)
17. 감정적인 사람이라고 생각한다. ……………………………………………………………(　)(　)
18. 자신만의 신념을 가지고 있다. ………………………………………………………………(　)(　)
19. 다른 사람을 바보 같다고 생각한 적이 있다. ………………………………………………(　)(　)
20. 금방 말해버리는 편이다. ……………………………………………………………………(　)(　)

21. 싫어하는 사람이 없다. ··( )( )

22. 대재앙이 오지 않을까 항상 걱정을 한다. ·······························( )( )

23. 쓸데없는 고생을 하는 일이 많다. ··( )( )

24. 자주 생각이 바뀌는 편이다. ··( )( )

25. 문제점을 해결하기 위해 여러 사람과 상의한다. ·····················( )( )

26. 내 방식대로 일을 한다. ···( )( )

27. 영화를 보고 운 적이 많다. ···( )( )

28. 어떤 것에 대해서도 화낸 적이 없다. ·····································( )( )

29. 사소한 충고에도 걱정을 한다. ···( )( )

30. 자신은 도움이 안되는 사람이라고 생각한다. ·························( )( )

31. 금방 싫증을 내는 편이다. ···( )( )

32. 개성적인 사람이라고 생각한다. ···( )( )

33. 자기 주장이 강한 편이다. ···( )( )

34. 뒤숭숭하다는 말을 들은 적이 있다. ·······································( )( )

35. 학교를 쉬고 싶다고 생각한 적이 한 번도 없다. ····················( )( )

36. 사람들과 관계맺는 것을 보면 잘하지 못한다. ························( )( )

37. 사려깊은 편이다. ···( )( )

38. 몸을 움직이는 것을 좋아한다. ···( )( )

39. 끈기가 있는 편이다. ···( )( )

40. 신중한 편이라고 생각한다. ···( )( )

41. 인생의 목표는 큰 것이 좋다. ···( )( )

42. 어떤 일이라도 바로 시작하는 타입이다. ································( )( )

43. 낯가림을 하는 편이다. ···( )( )

44. 생각하고 나서 행동하는 편이다. ··( )( )

45. 쉬는 날은 밖으로 나가는 경우가 많다. ·································( )( )

46. 시작한 일은 반드시 완성시킨다. ··( )( )

47. 면밀한 계획을 세운 여행을 좋아한다. ···································( )( )

48. 야망이 있는 편이라고 생각한다. ··( )( )

49. 활동력이 있는 편이다. ···( )( )

50. 많은 사람들과 왁자지껄하게 식사하는 것을 좋아하지 않는다. ·····( )( )

51. 돈을 허비한 적이 없다. ··(   )(   )

52. 운동회를 아주 좋아하고 기대했다. ··(   )(   )

53. 하나의 취미에 열중하는 타입이다. ··(   )(   )

54. 모임에서 회장에 어울린다고 생각한다. ··(   )(   )

55. 입신출세의 성공이야기를 좋아한다. ··(   )(   )

56. 어떠한 일도 의욕을 가지고 임하는 편이다. ····································(   )(   )

57. 학급에서는 존재가 희미했다. ··(   )(   )

58. 항상 무언가를 생각하고 있다. ···(   )(   )

59. 스포츠는 보는 것보다 하는 게 좋다. ··(   )(   )

60. '참 잘했네요'라는 말을 듣는다. ··(   )(   )

61. 흐린 날은 반드시 우산을 가지고 간다. ··(   )(   )

62. 주연상을 받을 수 있는 배우를 좋아한다. ··(   )(   )

63. 공격하는 타입이라고 생각한다. ··(   )(   )

64. 리드를 받는 편이다. ··(   )(   )

65. 너무 신중해서 기회를 놓친 적이 있다. ··(   )(   )

66. 시원시원하게 움직이는 타입이다. ··(   )(   )

67. 야근을 해서라도 업무를 끝낸다. ··(   )(   )

68. 누군가를 방문할 때는 반드시 사전에 확인한다. ·······························(   )(   )

69. 노력해도 결과가 따르지 않으면 의미가 없다. ··································(   )(   )

70. 무조건 행동해야 한다. ···(   )(   )

71. 유행에 둔감하다고 생각한다. ··(   )(   )

72. 정해진대로 움직이는 것은 시시하다. ··(   )(   )

73. 꿈을 계속 가지고 있고 싶다. ··(   )(   )

74. 질서보다 자유를 중요시하는 편이다. ··(   )(   )

75. 혼자서 취미에 몰두하는 것을 좋아한다. ··(   )(   )

76. 직관적으로 판단하는 편이다. ··(   )(   )

77. 영화나 드라마를 보면 등장인물의 감정에 이입된다. ·························(   )(   )

78. 시대의 흐름에 역행해서라도 자신을 관철하고 싶다. ························(   )(   )

79. 다른 사람의 소문에 관심이 없다. ··(   )(   )

80. 창조적인 편이다. ··(   )(   )

81. 비교적 눈물이 많은 편이다. ··( )( )
82. 융통성이 있다고 생각한다. ···( )( )
83. 친구의 휴대전화 번호를 잘 모른다. ··( )( )
84. 스스로 고안하는 것을 좋아한다. ···( )( )
85. 정이 두터운 사람으로 남고 싶다. ···( )( )
86. 조직의 일원으로 별로 안 어울린다. ··( )( )
87. 세상의 일에 별로 관심이 없다. ···( )( )
88. 변화를 추구하는 편이다. ···( )( )
89. 업무는 인간관계로 선택한다. ···( )( )
90. 환경이 변하는 것에 구애되지 않는다. ···( )( )
91. 불안감이 강한 편이다. ··( )( )
92. 인생은 살 가치가 없다고 생각한다. ··( )( )
93. 의지가 약한 편이다. ···( )( )
94. 다른 사람이 하는 일에 별로 관심이 없다. ·····································( )( )
95. 사람을 설득시키는 것은 어렵지 않다. ···( )( )
96. 심심한 것을 못 참는다. ···( )( )
97. 다른 사람을 욕한 적이 한 번도 없다. ···( )( )
98. 다른 사람에게 어떻게 보일지 신경을 쓴다. ···································( )( )
99. 금방 낙심하는 편이다. ··( )( )
100. 다른 사람에게 의존하는 경향이 있다. ··( )( )
101. 그다지 융통성이 있는 편이 아니다. ···( )( )
102. 다른 사람이 내 의견에 간섭하는 것이 싫다. ·································( )( )
103. 낙천적인 편이다. ··( )( )
104. 숙제를 잊어버린 적이 한 번도 없다. ···( )( )
105. 밤길에는 발소리가 들리기만 해도 불안하다. ·································( )( )
106. 상냥하다는 말을 들은 적이 있다. ··( )( )
107. 자신은 유치한 사람이다. ···( )( )
108. 잡담을 하는 것보다 책을 읽는게 낫다. ··( )( )
109. 나는 영업에 적합한 타입이라고 생각한다. ····································( )( )
110. 술자리에서 술을 마시지 않아도 흥을 돋울 수 있다. ·····················( )( )

111. 한 번도 병원에 간 적이 없다. ···(   )(   )

112. 나쁜 일은 걱정이 되어서 어쩔 줄을 모른다. ·······························(   )(   )

113. 쉽게 무기력해지는 편이다. ···(   )(   )

114. 비교적 고분고분한 편이라고 생각한다. ·······································(   )(   )

115. 독자적으로 행동하는 편이다. ···(   )(   )

116. 적극적으로 행동하는 편이다. ···(   )(   )

117. 금방 감격하는 편이다. ···(   )(   )

118. 어떤 것에 대해서는 불만을 가진 적이 없다. ·······························(   )(   )

119. 밤에 못 잘 때가 많다. ···(   )(   )

120. 자주 후회하는 편이다. ···(   )(   )

121. 뜨거워지기 쉽고 식기 쉽다. ···(   )(   )

122. 자신만의 세계를 가지고 있다. ···(   )(   )

123. 많은 사람 앞에서도 긴장하는 일은 없다. ···································(   )(   )

124. 말하는 것을 아주 좋아한다. ···(   )(   )

125. 인생을 포기하는 마음을 가진 적이 한 번도 없다. ························(   )(   )

126. 어두운 성격이다. ···(   )(   )

127. 금방 반성한다. ···(   )(   )

128. 활동범위가 넓은 편이다. ···(   )(   )

129. 자신을 끈기있는 사람이라고 생각한다. ·······································(   )(   )

130. 좋다고 생각하더라도 좀 더 검토하고 나서 실행한다. ···················(   )(   )

131. 위대한 인물이 되고 싶다. ···(   )(   )

132. 한 번에 많은 일을 떠맡아도 힘들지 않다. ·································(   )(   )

133. 사람과 만날 약속은 부담스럽다. ···(   )(   )

134. 질문을 받으면 충분히 생각하고 나서 대답하는 편이다. ···············(   )(   )

135. 머리를 쓰는 것보다 땀을 흘리는 일이 좋다. ······························(   )(   )

136. 결정한 것에는 철저히 구속받는다. ···(   )(   )

137. 외출 시 문을 잠그었는지 몇 번을 확인한다. ······························(   )(   )

138. 이왕 할 거라면 일등이 되고 싶다. ···(   )(   )

139. 과감하게 도전하는 타입이다. ···(   )(   )

140. 자신은 사교적이 아니라고 생각한다. ···(   )(   )

141. 무심코 도리에 대해서 말하고 싶어진다. ·······························( )( )

142. '항상 건강하네요'라는 말을 듣는다. ································( )( )

143. 단념하면 끝이라고 생각한다. ···( )( )

144. 예상하지 못한 일은 하고 싶지 않다. ·······························( )( )

145. 파란만장하더라도 성공하는 인생을 걷고 싶다. ················( )( )

146. 활기찬 편이라고 생각한다. ···( )( )

147. 소극적인 편이라고 생각한다. ···( )( )

148. 무심코 평론가가 되어 버린다. ···( )( )

149. 자신은 성급하다고 생각한다. ···( )( )

150. 꾸준히 노력하는 타입이라고 생각한다. ····························( )( )

151. 내일의 계획이라도 메모한다. ···( )( )

152. 리더십이 있는 사람이 되고 싶다. ·····································( )( )

153. 열정적인 사람이라고 생각한다. ··( )( )

154. 다른 사람 앞에서 이야기를 잘 하지 못한다. ····················( )( )

155. 통찰력이 있는 편이다. ··( )( )

156. 엉덩이가 가벼운 편이다. ···( )( )

157. 여러 가지로 구애됨이 있다. ···( )( )

158. 돌다리도 두들겨 보고 건너는 쪽이 좋다. ·························( )( )

159. 자신에게는 권력욕이 있다. ···( )( )

160. 업무를 할당받으면 기쁘다. ···( )( )

161. 사색적인 사람이라고 생각한다. ··( )( )

162. 비교적 개혁적이다. ··( )( )

163. 좋고 싫음으로 정할 때가 많다. ·······································( )( )

164. 전통에 구애되는 것은 버리는 것이 적절하다. ··················( )(NO

165. 교제 범위가 좁은 편이다. ···( )( )

166. 발상의 전환을 할 수 있는 타입이라고 생각한다. ·············( )( )

167. 너무 주관적이어서 실패한다. ···( )( )

168. 현실적이고 실용적인 면을 추구한다. ································( )( )

169. 내가 어떤 배우의 팬인지 아무도 모른다. ························( )( )

170. 현실보다 가능성이다. ··( )( )

171. 마음이 담겨 있으면 선물은 아무 것이나 좋다. ·······························( )( )

172. 여행은 마음대로 하는 것이 좋다. ···( )( )

173. 추상적인 일에 관심이 있는 편이다. ···( )( )

174. 일은 대담히 하는 편이다. ···( )( )

175. 괴로워하는 사람을 보면 우선 동정한다. ····································( )( )

176. 가치기준은 자신의 안에 있다고 생각한다. ·······························( )( )

177. 조용하고 조심스러운 편이다. ···( )( )

178. 상상력이 풍부한 편이라고 생각한다. ··( )( )

179. 의리, 인정이 두터운 상사를 만나고 싶다. ·································( )( )

180. 인생의 앞날을 알 수 없어 재미있다. ···( )( )

181. 밝은 성격이다. ···( )( )

182. 별로 반성하지 않는다. ···( )( )

183. 활동범위가 좁은 편이다. ···( )( )

184. 자신을 시원시원한 사람이라고 생각한다. ·································( )( )

185. 좋다고 생각하면 바로 행동한다. ··( )( )

186. 좋은 사람이 되고 싶다. ···( )( )

187. 한 번에 많은 일을 떠맡는 것은 골칫거리라고 생각한다. ············( )( )

188. 사람과 만날 약속은 즐겁다. ···( )( )

189. 질문을 받으면 그때의 느낌으로 대답하는 편이다. ····················( )( )

190. 땀을 흘리는 것보다 머리를 쓰는 일이 좋다. ·····························( )( )

191. 결정한 것이라도 그다지 구속받지 않는다. ·······························( )( )

192. 외출 시 문을 잠갔는지 별로 확인하지 않는다. ·························( )( )

193. 지위에 어울리면 된다. ···( )( )

194. 안전책을 고르는 타입이다. ···( )( )

195. 자신은 사교적이라고 생각한다. ···( )( )

196. 도리는 상관없다. ··( )( )

197. 침착하다는 말을 듣는다. ···( )( )

198. 단념이 중요하다고 생각한다. ···( )( )

199. 예상하지 못한 일도 해보고 싶다. ···( )( )

200. 평범하고 평온하게 행복한 인생을 살고 싶다. ···························( )( )

201. 몹시 귀찮아하는 편이라고 생각한다. ···( )( )

202. 특별히 소극적이라고 생각하지 않는다. ··( )( )

203. 이것저것 평하는 것이 싫다. ···( )( )

204. 자신은 성급하지 않다고 생각한다. ··( )( )

205. 꾸준히 노력하는 것을 잘 하지 못한다. ···( )( )

206. 내일의 계획은 머릿속에 기억한다. ··( )( )

207. 협동성이 있는 사람이 되고 싶다. ···( )( )

208. 열정적인 사람이라고 생각하지 않는다. ···( )( )

209. 다른 사람 앞에서 이야기를 잘한다. ···( )( )

210. 행동력이 있는 편이다. ···( )( )

211. 엉덩이가 무거운 편이다. ···( )( )

212. 특별히 구애받는 것이 없다. ···( )( )

213. 돌다리는 두들겨 보지 않고 건너도 된다. ··( )( )

214. 자신에게는 권력욕이 없다. ··( )( )

215. 업무를 할당받으면 부담스럽다. ··( )( )

216. 활동적인 사람이라고 생각한다. ··( )( )

217. 비교적 보수적이다. ···( )( )

218. 손해인지 이익인지를 기준으로 결정할 때가 많다. ··································( )( )

219. 전통을 견실히 지키는 것이 적절하다. ··( )( )

220. 교제 범위가 넓은 편이다. ···( )( )

221. 상식적인 판단을 할 수 있는 타입이라고 생각한다. ································( )( )

222. 너무 객관적이어서 실패한다. ···( )( )

223. 보수적인 면을 추구한다. ···( )( )

224. 내가 누구의 팬인지 주변의 사람들이 안다. ···( )( )

225. 가능성보다 현실이다. ··( )( )

226. 그 사람이 필요한 것을 선물하고 싶다. ···( )( )

227. 여행은 계획적으로 하는 것이 좋다. ···( )( )

228. 구체적인 일에 관심이 있는 편이다. ···( )( )

229. 일은 착실히 하는 편이다. ···( )( )

230. 괴로워하는 사람을 보면 우선 이유를 생각한다. ·····································( )( )

231. 가치기준은 자신의 밖에 있다고 생각한다. ··( )( )

232. 밝고 개방적인 편이다. ··( )( )

233. 현실 인식을 잘하는 편이라고 생각한다. ···( )( )

234. 공평하고 공적인 상사를 만나고 싶다. ··( )( )

235. 시시해도 계획적인 인생이 좋다. ···( )( )

236. 적극적으로 사람들과 관계를 맺는 편이다. ···( )( )

237. 활동적인 편이다. ···( )( )

238. 몸을 움직이는 것을 좋아하지 않는다. ··( )( )

239. 쉽게 질리는 편이다. ··( )( )

240. 경솔한 편이라고 생각한다. ···( )( )

241. 인생의 목표는 손이 닿을 정도면 된다. ···( )( )

242. 무슨 일도 좀처럼 시작하지 못한다. ···( )( )

243. 초면인 사람과도 바로 친해질 수 있다. ···( )( )

244. 행동하고 나서 생각하는 편이다. ···( )( )

245. 쉬는 날은 집에 있는 경우가 많다. ···( )( )

246. 완성뇌기 전에 포기히는 경우가 많다. ··( )( )

247. 계획 없는 여행을 좋아한다. ···( )( )

248. 욕심이 없는 편이라고 생각한다. ···( )( )

249. 활동력이 별로 없다. ··( )( )

250. 많은 사람들과 와자지껄하게 식사하는 것을 좋아한다. ··································( )( )

251. 이유 없이 불안할 때가 있다. ···( )( )

252. 주위 사람의 의견을 생각해서 발언을 자제할 때가 있다. ······························( )( )

253. 자존심이 강한 편이다. ···( )( )

254. 생각 없이 함부로 말하는 경우가 많다. ···( )( )

255. 정리가 되지 않은 방에 있으면 불안하다. ··( )( )

256. 거짓말을 한 적이 한 번도 없다. ···( )( )

257. 슬픈 영화나 TV를 보면 자주 운다. ··( )( )

258. 자신을 충분히 신뢰할 수 있다고 생각한다. ···( )( )

259. 노래방을 아주 좋아한다. ··( )( )

260. 자신만이 할 수 있는 일을 하고 싶다. ···( )( )

261. 자신을 과소평가하는 경향이 있다. ·····································( )( )

262. 책상 위나 서랍 안은 항상 깔끔히 정리한다. ·······················( )( )

263. 건성으로 일을 할 때가 자주 있다. ··································( )( )

264. 남의 험담을 한 적이 없다. ···( )( )

265. 쉽게 화를 낸다는 말을 듣는다. ····································( )( )

266. 초초하면 손을 떨고, 심장박동이 빨라진다. ·······················( )( )

267. 토론하여 진 적이 한 번도 없다. ···································( )( )

268. 덩달아 떠든다고 생각할 때가 자주 있다. ··························( )( )

269. 아첨에 넘어가기 쉬운 편이다. ·····································( )( )

270. 주변 사람이 자기 험담을 하고 있다고 생각할 때가 있다. ··········( )( )

271. 이론만 내세우는 사람과 대화하면 짜증이 난다. ···················( )( )

272. 상처를 주는 것도, 받는 것도 싫다. ·······························( )( )

273. 매일 그날을 반성한다. ···( )( )

274. 주변 사람이 피곤해 하여도 자신은 원기왕성하다. ·················( )( )

275. 친구를 재미있게 하는 것을 좋아한다. ·····························( )( )

276. 아침부터 아무것도 하고 싶지 않을 때가 있다. ····················( )( )

277. 지각을 하면 학교를 결석하고 싶어졌다. ··························( )( )

278. 이 세상에 없는 세계가 존재한다고 생각한다. ·····················( )( )

279. 하기 싫은 것을 하고 있으면 무심코 불만을 말한다. ···············( )( )

280. 투지를 드러내는 경향이 있다. ·····································( )( )

281. 뜨거워지기 쉽고 식기 쉬운 성격이다. ·····························( )( )

282. 어떤 일이라도 헤쳐 나가는 데 자신이 있다. ······················( )( )

283. 착한 사람이라는 말을 들을 때가 많다. ···························( )( )

284. 자신을 다른 사람보다 뛰어나다고 생각한다. ······················( )( )

285. 개성적인 사람이라는 말을 자주 듣는다. ··························( )( )

286. 누구와도 편하게 대화할 수 있다. ·································( )( )

287. 특정 인물이나 집단에서라면 가볍게 대화할 수 있다. ··············( )( )

288. 사물에 대해 깊이 생각하는 경향이 있다. ·························( )( )

289. 스트레스를 해소하기 위해 집에서 조용히 지낸다. ·················( )( )

290. 계획을 세워서 행동하는 것을 좋아한다. ··························( )( )

291. 현실적인 편이다. ···( )( )

292. 주변의 일을 성급하게 해결한다. ·······················( )( )

293. 이성적인 사람이 되고 싶다고 생각한다. ··············( )( )

294. 생각한 일을 행동으로 옮기지 않으면 기분이 찜찜하다. ···( )( )

295. 생각했다고 해서 꼭 행동으로 옮기는 것은 아니다. ·····( )( )

296. 목표 달성을 위해서는 온갖 노력을 다한다. ··········( )( )

297. 적은 친구랑 깊게 사귀는 편이다. ·······················( )( )

298. 경쟁에서 절대로 지고 싶지 않다. ·······················( )( )

299. 내일해도 되는 일을 오늘 안에 끝내는 편이다. ·······( )( )

300. 새로운 친구를 곧 사귈 수 있다. ·······················( )( )

301. 문장은 미리 내용을 결정하고 나서 쓴다. ············( )( )

302. 사려 깊은 사람이라는 말을 듣는 편이다. ············( )( )

303. 활발한 사람이라는 말을 듣는 편이다. ··················( )( )

304. 기회가 있으면 꼭 얻는 편이다. ··························( )( )

305. 외출이나 초면의 사람을 만나는 일은 잘 하지 못한다. ···( )( )

306. 단념하는 것은 있을 수 없다. ····························( )( )

307. 위험성을 무릅쓰면서 성공하고 싶다고 생각하지 않는다. ···( )( )

308. 학창시절 체육수업을 좋아했다. ·························( )( )

309. 휴일에는 집 안에서 편안하게 있을 때가 많다. ·······( )( )

310. 무슨 일도 결과가 중요하다. ····························( )( )

311. 성격이 유연하게 대응하는 편이다. ·····················( )( )

312. 더 높은 능력이 요구되는 일을 하고 싶다. ············( )( )

313. 자기 능력의 범위 내에서 정확히 일을 하고 싶다. ···( )( )

314. 새로운 사람을 만날 때는 두근거린다. ················( )( )

315. '누군가 도와주지 않을까'라고 생각하는 편이다. ·······( )( )

316. 건강하고 활발한 사람을 동경한다. ·····················( )( )

317. 친구가 적은 편이다. ······································( )( )

318. 문장을 쓰면서 생각한다. ·································( )( )

319. 정해진 친구만 교제한다. ·································( )( )

320. 한 우물만 파고 싶다. ····································( )( )

321. 여러가지 일을 경험하고 싶다. ·······································( )( )

322. 스트레스를 해소하기 위해 몸을 움직인다. ·······················( )( )

323. 사물에 대해 가볍게 생각하는 경향이 있다. ·······················( )( )

324. 기한이 정해진 일은 무슨 일이 있어도 끝낸다. ··················( )( )

325. 결론이 나도 여러 번 생각을 하는 편이다. ·······················( )( )

326. 일단 무엇이든지 도전하는 편이다. ·································( )( )

327. 쉬는 날은 외출하고 싶다. ···( )( )

328. 사교성이 있는 편이라고 생각한다. ·································( )( )

329. 남의 앞에 나서는 것을 잘 하지 못하는 편이다. ··················( )( )

330. 모르는 것이 있어도 행동하면서 생각한다. ·······················( )( )

331. 납득이 안 되면 행동이 안 된다. ··································( )( )

332. 약속시간에 여유를 가지고 약간 빨리 나가는 편이다. ············( )( )

333. 현실적이다. ··( )( )

334. 곰곰이 끝까지 해내는 편이다. ····································( )( )

335. 유연히 대응하는 편이다. ···( )( )

336. 휴일에는 운동 등으로 몸을 움직일 때가 많다. ··················( )( )

337. 학창시절 체육수업을 못했다. ·····································( )( )

338. 성공을 위해서는 어느 정도의 위험성을 감수한다. ···············( )( )

339. 단념하는 것이 필요할 때도 있다. ·································( )( )

340. '내가 안하면 누가 할 것인가'라고 생각하는 편이다. ············( )( )

341. 새로운 사람을 만날 때는 용기가 필요하다. ·······················( )( )

342. 친구가 많은 편이다. ···( )( )

343. 차분하고 사려 깊은 사람을 동경한다. ····························( )( )

344. 결론이 나면 신속히 행동으로 옮겨진다. ··························( )( )

345. 기한 내에 끝내지 못하는 일이 있다. ····························( )( )

346. 이유 없이 불안할 때가 있다. ·····································( )( )

347. 주위 사람의 의견을 생각해서 발언을 자제할 때가 있다. ·········( )( )

348. 자존심이 강한 편이다. ···( )( )

349. 생각 없이 함부로 말하는 경우가 많다. ····························( )( )

350. 정리가 되지 않은 방에 있으면 불안하다. ·······················( )( )

351. 거짓말을 한 적이 한 번도 없다. ··( )( )

352. 슬픈 영화나 TV를 보면 자주 운다. ··( )( )

353. 자신을 충분히 신뢰할 수 있다고 생각한다. ···( )( )

354. 노래방을 아주 좋아한다. ··( )( )

355. 자신만이 할 수 있는 일을 하고 싶다. ··( )( )

356. 자신을 과소평가하는 경향이 있다. ··( )( )

357. 책상 위나 서랍 안은 항상 깔끔히 정리한다. ··( )( )

358. 건성으로 일을 할 때가 자주 있다. ··( )( )

359. 남의 험담을 한 적이 없다. ···( )( )

360. 쉽게 화를 낸다는 말을 듣는다. ··( )( )

361. 초초하면 손을 떨고, 심장박동이 빨라진다. ··( )( )

362. 토론하여 진 적이 한 번도 없다. ···( )( )

363. 덩달아 떠든다고 생각할 때가 자주 있다. ··( )( )

364. 아첨에 넘어가기 쉬운 편이다. ···( )( )

365. 주변 사람이 자기 험담을 하고 있다고 생각할 때가 있다. ······················( )( )

366. 이론만 내세우는 사람과 대화하면 짜증이 난다. ·····································( )( )

367. 상처를 주는 것도, 받는 것도 싫다. ···( )( )

368. 매일 그날을 반성한다. ···( )( )

369. 주변 사람이 피곤해하여도 자신은 원기왕성하다. ···································( )( )

370. 친구를 재미있게 하는 것을 좋아한다. ···( )( )

371. 아침부터 아무것도 하고 싶지 않을 때가 있다. ·······································( )( )

372. 지각을 하면 학교를 결석하고 싶어진다. ···( )( )

373. 이 세상에 없는 세계가 존재한다고 생각한다. ··( )( )

374. 하기 싫은 것을 하고 있으면 무심코 불만을 말한다. ·······························( )( )

375. 투지를 드러내는 경향이 있다. ···( )( )

376. 뜨거워지기 쉽고 식기 쉬운 성격이다. ···( )( )

377. 어떤 일이라도 헤쳐 나가는데 자신이 있다. ···( )( )

378. 착한 사람이라는 말을 들을 때가 많다. ··( )( )

379. 자신을 다른 사람보다 뛰어나다고 생각한다. ···( )( )

380. 개성적인 사람이라는 말을 자주 듣는다. ··( )( )

381. 누구와도 편하게 대화할 수 있다. ·······································( )( )

382. 특정 인물이나 집단에서라면 가볍게 대화할 수 있다. ··········( )( )

383. 사물에 대해 깊이 생각하는 경향이 있다. ·····························( )( )

384. 스트레스를 해소하기 위해 집에서 조용히 지낸다. ···············( )( )

385. 계획을 세워서 행동하는 것을 좋아한다. ·····························( )( )

386. 현실적인 편이다. ···( )( )

387. 주변의 일을 성급하게 해결한다. ······································( )( )

388. 이성적인 사람이 되고 싶다고 생각한다. ·····························( )( )

389. 생각한 일을 행동으로 옮기지 않으면 기분이 찜찜하다. ········( )( )

390. 생각했다고 해서 꼭 행동으로 옮기는 것은 아니다. ·············( )( )

391. 목표 달성을 위해서는 온갖 노력을 다한다. ·······················( )( )

392. 적은 친구랑 깊게 사귀는 편이다. ······································( )( )

393. 경쟁에서 절대로 지고 싶지 않다. ······································( )( )

394. 내일해도 되는 일을 오늘 안에 끝내는 편이다. ···················( )( )

395. 새로운 친구를 곧 사귈 수 있다. ······································( )( )

396. 문장은 미리 내용을 결정하고 나서 쓴다. ··························( )( )

397. 사려 깊은 사람이라는 말을 듣는 편이다. ··························( )( )

398. 활발한 사람이라는 말을 듣는 편이다. ·······························( )( )

399. 기회가 있으면 꼭 얻는 편이다. ··( )( )

400. 외출이나 초면의 사람을 만나는 일은 잘 하지 못한다. ········( )( )

면접의 기본

PART

04

면접

CHAPTER

면접의 기본

01 면접 준비

(1) 복장

면접에서는 무엇보다 첫인상이 중요하므로 지나치게 화려하거나 개성이 강한 스타일은 피하고 단정한 이미지를 심어주도록 한다. 면접시 복장은 지원하는 기업의 사풍이나 지원 분야에 따라 달라질 수 있으므로 미리 가서 성향을 파악하는 것도 도움이 된다.

① 남성

    ㉠ 양복 : 단색으로 하여 넥타이나 셔츠로 포인트를 주는 것이 효과적이며 색상은 감청색이 가장 품위 있어 보인다.

    ㉡ 셔츠 : 흰색을 가장 선호하나 자신의 피부색에 맞추는 것이 좋고, 푸른색이나 베이지색은 신선한 느낌을 준다.

    ㉢ 넥타이 : 남성이 복장에서 가장 포인트를 줄 수 있는 것으로 색과 폭까지 함께 고려하여 뚱뚱한 사람이 폭이 가는 넥타이를 매는 일이 없도록 한다.

        ※ 주의사항 … 우리나라의 경우 여름에는 반팔셔츠를 입는 것도 무난하나 외국계 기업일 경우 이는 실례가 된다. 또한 양말을 신을 경우 흰색은 피한다.

② 여성

    ㉠ 의상 : 단정한 스커트투피스 정장이나 슬랙스 슈트 정장도 무난하며 베이지나 그레이, 브라운 계열이 적당하다.

    ㉡ 소품 : 핸드백, 스타킹, 구두 등과 같은 계열로 코디하는 것이 좋으며 구두는 너무 높거나 낮은 굽을 피해 5cm 정도가 적당하다.

    ㉢ 액세서리 : 너무 크거나 화려한 것은 좋지 않으며, 많이 하는 것도 좋은 인상을 주지 못하므로 주의한다.

    ㉣ 화장 : 자연스럽고 밝은 이미지를 표현하는 것이 좋으며 진한 화장은 인상이 강해보일 수 있으므로 피하자.

(2) 목소리

면접은 주로 면접관과 지원자의 대화로 이루어지므로 음성이 미치는 영향은 상당하다. 답변을 할 때에 부드러우면서도 활기차고 생동감 있는 목소리로 하면, 상대방에게 호감을 줄 수 있으며 여기에 적당한 제스처가 더해진다면 상승효과를 이룰 수 있다. 그러나 적절한 답변을 하였어도 콧소리나 날카로운 목소리는 답변의 신뢰성을 떨어뜨릴 수 있으며 불쾌감을 줄 수 있다.

(3) 사진

이력서용 사진의 경우 최근 3개월 이내에 찍은 증명사진이어야 하며 증명사진이 아닌 일반 사진을 오려서 붙이는 것은 예의가 아니다. 요즘 입사원서를 온라인으로 받는 경우가 많아졌는데 이때 주의할 것은 사진을 첨부하는 것이다. 이력서에 사진을 붙이는 것은 기본이며 붙이지 않을 경우 컴퓨터 사용능력이 부족한 것으로 판단될 수 있으므로 꼭 확인하자.

① 회사에 대한 지원자의 열의를 엿볼 수 있는 것이 사진이다. 당신이 인사 담당자라면 스펙이 비슷할 때 캐주얼 복장의 어두운 표정의 사람과 깔끔한 정장에 단정한 머리, 활기찬 표정의 사람 중 누구를 뽑겠는가. 우리를 사용하기 위해 평가하는 이의 입장에서 생각해 보자. 면접관도 감성이 있는 사람이라는 것을 생각해 보았을 때 굳이 나의 무성의함으로 불쾌감을 주지 말고 정성껏 준비하여 가장 좋은 모습을 보여주자.

② 만일 사진과 실물이 너무 다르다면 면접관은 우리의 진실성을 의심할 수도 있다. 포토샵으로 과대포장한 나의 모습보다는 현실을 진솔에게 보여주는 것이 차라리 낫다.

③ 취업용 사진을 전문으로 하는 사진관이라고 할지라도 전적으로 믿고 믿겼다가는 큰 낭패를 볼 것이다. 재촬영을 하고 싶지 않으면 사진 촬영 후 기사와 함께 선별 작업을 하라. 맘에 드는 사진이 나오지 않았다면 당당하게 재촬영을 요구할 줄도 알아야 한다. 촬영시 정장은 필수다. 하지만 너무 눈에 띄는 줄무늬, 남자의 경우 광택이 심한 정장 등은 피하는 것이 좋다. 또 남성들은 약간의 메이크업을 시도해 볼 기회이기도 하다. 특히 여성의 경우 얼짱 포즈는 자제하는 것이 좋고, 사진은 최근 3개월 이내의 것이 좋다. 그리고 폰, 화상 카메라 등으로 찍지 말자.

(4) 이력서 작성 시 놓치기 쉬운 사항

모집공고에 간혹 '희망연봉을 명시하시오', '지망부서를 쓰시오' 등과 같은 요구 사항들이 있다. 이런 기업의 요구사항들을 제대로 파악하지 못하거나 무시한 채, 그냥 한번 넣어본다는 듯이 작성된 이력서는 인사담당자들의 눈 밖에 날 것이다. 특히 이곳저곳 이력서를 뿌리는 가운데 다른 기업의 이름이 들어가게 되거나, 받는 사람의 이메일 주소가 여러 곳인 것을 인사담당자가 확인한다면 그 결과는 뻔하다. 이외에도 오타가 많은 이력서는 지원자의 무성의함을 부각시킨다. 한, 두 번만 읽어봐도 오타를 바로 잡을 수 있기 때문이다.

02 **면접시 준비사항**

(1) 지원회사에 대한 사전지식을 습득한다.

필기시험에 합격하거나 서류전형을 통과하면 보통 합격 통지 이후 면접시험 날짜가 정해진다. 이때 지원자는 면접시험을 대비해 본인이 지원한 계열사 또는 부서에 대해 다음과 같은 사항 정도는 알고 있는 것이 좋다.

① 회사의 연혁

② 회장 또는 사장의 이름, 출신학교, 전공과목 등

③ 회사에서 요구하는 신입사원의 인재상

④ 회사의 사훈, 사시, 경영이념, 창업정신

⑤ 회사의 대표적 상품과 그 특색

⑥ 업종별 계열 회사의 수

⑦ 해외 지사의 수와 그 위치

⑧ 신제품에 대한 기획 여부

⑨ 지원자가 평가할 수 있는 회사의 장단점

⑩ 회사의 잠재적 능력 개발에 대한 각종 평가

(2) 충분한 수면을 취해 몸의 상태를 최상으로 유지한다.

면접 전날에는 긴장하거나 준비가 미흡한 것 같아 잠을 설치게 된다. 이렇게 잠을 잘 자지 못하면 다음 날 일어났을 때 피곤함을 느끼게 되고 몸 상태도 악화된다. 게다가 잠을 잘 못 잘 경우, 얼굴이 부스스하거나 목소리에 영향을 미칠 수 있으며 자신도 모르게 멍한 표정을 지을 수도 있다. 가능한 숙면을 취하고 안정적인 상태에서 면접에 임하는 것이 좋다.

(3) 아침에 정보를 확인한다.

경제, 정치, 문화 등과 같은 시사 상식은 최근의 것을 질문하기 쉽다. 아침에 일어나서 뉴스 등을 유의해서 보고 자신의 생각을 정리해 두는 것이 좋다. 또한 면접일과 인접해 있는 국경일이나 행사 등이 있다면 그에 따른 생각을 정리해 두면 좋다.

03 면접시 유의사항

(1) 첫인상이 중요하다.

면접에서는 처음 1 ~ 2분 동안에 당락의 70% 정도가 결정될 정도로 첫인상이 중요하다고 한다. 그러므로 지원자는 자신감과 의지, 재능 등을 보여주어야 한다. 그리고 면접자와 눈을 맞추고 그가 설명을 하거나 말을 하면 적절한 반응을 보여준다.

(2) 절대 지각해서는 안 된다.

우선 면접장소가 결정되면 교통편과 소요시간을 확인하고 가능하다면 미리 방문해 보는 것도 좋다. 당일 날에는 서둘러서 출발하여 면접 시간 10 ~ 15분 일찍 도착하여 회사를 둘러보고 환경에 익숙해지는 것이 좋다.

(3) 면접대기시간의 행동도 평가된다.

지원자들은 대부분 면접실에서만 평가 받는다고 생각하나 절대 그렇지 않다. 면접진행자는 대부분 인사 실무자이며 당락에 영향을 준다. 짧은 시간 동안 사람을 판단하는 것은 힘든 일이라 면접자는 지원자에 대한 평가에 대한 확신을 위해 타인의 의견을 듣고자 한다. 이때 면접진행자의 의견을 참고하므로 면접 대기시간에도 행동과 말을 조심해야 한다. 또한, 면접을 마치고 돌아가는 그 순간까지도 행동과 말에 유의하여야 한다. 황당한 질문에 답변은 잘 했으니 복도에 나와서 흐트러진 모습을 보이거나 욕설을 하는 것도 다 평가되므로 주의한다.

(4) 입실한 후에는 공손한 태도를 취한다.

① 본인 차례가 되어 호명되면 대답을 또렷하게 하고 들어간다. 만약 문이 닫혀있다면 상대에게 소리가 들릴 수 있을 정도로 노크를 두 번 한 후 대답을 듣고 나서 들어간다.

② 문을 여닫을 때에는 소리가 나지 않게 조용히 하며 공손한 자세로 인사한 후 성명과 수험번호를 말하고 면접관의 지시에 따라 자리에 앉는다. 이 경우 자리에 착석하라는 말이 없는데 의자에 앉으면 무례한 사람처럼 보일 수 있으므로 주의한다.

③ 의자에 앉을 때는 끝에 걸터앉지 말고 안쪽으로 깊숙이 앉아 무릎 위에 양손을 가지런히 얹는 것이 좋다.

(5) 대답하기 난해한 개방형 질문도 반드시 답변을 해야 한다.

① 면접관의 질문에는 예, 아니오로 답할 수 있는 단답형도 있으나, 정답이 없는 개방형 질문이 있을 수 있다. 단답형 질문의 경우에는 간단명료하면서도 그렇게 생각하는 이유를 밝혀주는 것이 좋다. 그러나 개방형 질문은 평소에 충분히 생각하지 못했던 내용이라면 답변을 하기 힘들 수도 있다. 하지만 반드시 답변을 해야 한다. 자신의 생각이나 입장을 밝히지 않을 경우 소신이 없거나 혹은 분명 한 입장이나 가치를 가지고 있지 않은 사람으로 비쳐질 수 있다. 답변이 바로 떠오르지 않는다면, "잠시 생각을 정리할 시간을 주시겠습니까?"하고 요청을 해도 괜찮다.

② 평소에 잘 알고 있는 문제라면 답변을 잘 할 수 있을 것이다. 그러나 이런 경우 주의할 것은 면접자와 가치 논쟁을 할 필요가 없다는 것이다. 정답이 정해져 있지 않은 경우에는 가치관이나 성장배경에 따라 문제를 받아들이는 태도에서 답변까지 충분히 차이가 있을 수 있다. 그런데 그것을 굳이 지적하고 고치려 드는 것은 좋지 않다.

(6) 답변은 자신감과 의지가 드러나게 한다.

면접을 하다 보면 미래를 예측해야 하는 질문이 있다. 이때에는 너무 많은 상황을 고려하지 말고, 자신감 있는 내용으로 긍정문으로 답변하는 것이 좋다.

(7) 자신의 장·단점을 잘 알고 있어야 한다.

면접을 하다 보면 나에 대해서 부정적인 말을 해야 될 경우가 있다. 이때에는 자신의 약점을 솔직하게 말하되 너무 자신을 비하하지 말아야 한다. 그리고 가능한 단점을 짧게 말하고 뒤이어 장점을 말하는 것이 좋다.

(8) 대답은 항상 정직해야 한다.

면접이라는 것이 아무리 본인의 장점을 부각시키고 단점을 축소시키는 것이라고 해도 절대로 거짓말을 해서는 안 된다. 거짓말을 하게 되면 지원자는 불안하거나 꺼림칙한 마음이 남아 있어 면접에 집중하지 못하게 되고 면접관을 그것을 놓치지 않는다. 거짓말은 그 사람에 대한 신뢰성을 떨어뜨리며 이로 인해 다른 조건이 좋다하더라도 탈락할 수 있다.

(9) 지원동기에는 가치관이 반영되어야 한다.

면접에서 거의 항상 물어보는 질문은 지원동기에 관한 것이다. 어떤 응시자들은 이 질문을 대수롭지 않게 여기거나, 중요한 것은 알지만 적당한 내용을 찾지 못해 추상적으로 답변하는 경우가 많다. 이런 경우 면접관들은 응시자의 생각을 알 수 없거나 성의가 없다고 생각하기 쉬우므로 그 내용 안에 자신의 가치관이 내포되도록 답변한다. 이러한 답변은 면접관에게 응시자가 직업을 통해 자신의 가치관을 실현하기 위한 과정이라는 인상을 주게 되므로 적극적인 삶의 자세를 볼 수 있게 한다.

⑩ 경력직일 경우 전(前) 직장에 대한 험담은 하지 않는다.

응시자에게 이전 직장에서 무슨 일이 있었는지, 그곳 상사들이 어땠는지 등은 그다지 면접관이 궁금해하는 사항이 아니다. 전 직장에 대해 험담을 늘어놓는다든가, 동료와 상사들에 대한 악담을 하게 된다면 오히려 부정적인 이미지를 심어 줄 수 있다. 만약 전 직장에 대한 말을 할 필요성이 있다면 가능한 객관적으로 이야기하는 것이 좋다.

⑪ 대답시의 유의사항

① 질문이 주어지자 말자 답변하는 것은 미리 예상한 답을 잊어버리기 전에 말하고자하는 것으로 오인할 수 있으며, 침착하지 못하고 즉흥적으로 비춰지기 쉽다.

② 질문에 대한 답변을 할 때에는 면접관과의 거리를 생각해서 너무 작게 하는 것은 좋지 않으나 큰 소리로 이야기하면 면접관이 부담을 느끼게 된다. 자신 있는 답변이라고 해서 너무 빠르게 많이 말하지 않아야 하며, 자신의 답변이 적당하지 못했다고 느꼈을 경우 머리를 만지거나 혀를 내미는 등의 행동은 좋지 못하다. 그리고 정해진 답변 외에 적절하지 않은 농담은 경망스러워 보이거나 취업에 열의가 없어 보이기도 한다.

③ 가장 중요한 것은 올바른 언어의 구사이다. 존대어와 겸양어를 혼동하기도 하고 채팅어를 자기도 모르게 사용하기도 하는 데이는 면접 실패의 원인이 될 수 있다.

⑫ 옷매무새를 자주 고치지 마라.

외모에 너무 신경을 쓰거나 긴장하여 머리를 계속 쓸어 올리거나 옷을 만지작거리는 경우가 있다. 이러한 행동은 산만해 보이는 인식을 줄 수 있으므로 좋지 못하다.

⑬ 다리를 떨거나 산만한 시선은 금물이다.

① 자신도 모르게 다리를 떨거나 손가락을 만지는 등의 행동을 하는 사람들이 많다. 이는 면접관의 주의를 끌 뿐만 아니라 불안하고 산만한 사람이라는 느낌을 주게 된다.

② 면접관과 시선을 맞추지 못하고 여기저기 둘러보는 듯한 산만한 시선은 거짓말을 하고 있다고 여기거나 신뢰성이 떨어진다고 생각하기 쉽다.

⒁ 질문의 기회를 활용하자.

면접관이 "면접을 마치겠네." 혹은 "면접과는 상관없는 것인데…."하면서 질문을 유도하기도 하다. 이 경우 면접관이 하는 말은 지원자를 안심시켜 마음을 알고자 하는 것으로 거기에 넘어가서는 안 된다. "물어볼 것이 있나?"라는 말은 우리 회사에서 가장 관심이 있는 것이 무엇이냐라는 말과 같은 의미이므로 유급휴가나 복리후생에 관한 질문 등을 하게 되면 일보다는 휴가에 관심이 많은 사람이라는 인식을 주게 된다. 이런 내용들은 다른 정보망을 활용하여 미리 파악해 두는 것이 좋으므로 업무에 관련된 질문으로 하고자 하는 일의 예를 들면서, 합격시에 하는 일을 구체적으로 설명해 달라고 하거나 업무를 잘 수행하기 위해서 필요한 능력 등을 물어보는 것이 좋다.

04 자기소개시 유의사항

면접에서 빠지지 않는 것이 자기소개를 간단히 해보라는 것이다. 이럴 때 꼭 해야 할 말은 무엇이며 피해야할 말은 무엇인가? 면접관의 모든 질문이 그러하듯 이 질문에 숨겨진 의도만 알아낸다면 쉽게 풀어 갈 수 있다. 자기소개라는 것은 매우 추상적이며 넓은 의미를 포괄한다. 자신의 이름에 얽힌 사연이나 어릴 적의 추억, 고향, 혈액형 등 지원자에 관한 일이라면 모두 자기소개가 될 수 있다. 그러나 이는 면접관이 원하는 대답이 아니다. 면접관은 지원자의 신상명세를 알고 싶은 것이 아니라 지원자가 지금껏 해온 일을 통해 그 사람 됨됨이를 알고자 하는 것이기 때문이다. 다음 유형은 지원자들이 면접시 자기소개를 할 때 취하기 쉬운 태도들이다. 예시를 살펴본 후 자신의 방법과 비교해 보고 적절한 방법을 찾도록 하자.

⑴ 자신의 집안에 대해 자랑하는 사람

자신의 부모나 형제 등 집안 사람들이 사회·경제적으로 어떠한 위치에 있는지를 서술하는 유형으로 자신도 대단한 사람이라는 것을 강조하고 싶은 것일지 모르나 면접관에게는 의존적이며 나약한 사람으로 비춰지기 쉽다.

⑵ 대답을 하지 못하는 사람

면접관의 질문에는 난이도가 있어서 대답하기 힘든 문제도 분명히 있을 것이다. 그러나 이는 어려운 것이지 난처한 문제는 아니다. 그러나 면접관이 당신에게 "지금까지 무슨 일을 해왔습니까?" 하고 묻는다면 바로 대답을 하지 못하고 머뭇거리게 될 것이다. 20여 년을 넘게 살아오면서 '나는 무슨 일을 했으며 어떻게 대답해야 하는가?' 라는 생각이 들 것이다. 이는 단순히 그 사람의 행적을 말하는 것이 아니라 그 속에서 그 사람의 가치관과 자아정체성을 판별하기 위한 것이다. 평소에 끊임없이 이런 질문을 스스로 던져 자신이 원하는 것을 파악하고 직업도 관련된 쪽으로 구하고자 하면 막힘없이 대답할 수 있을 것이다.

(3) 자신이 한 일에 대해서 너무 자세하게 이야기하는 사람

오늘아침부터 한 일을 말하라고 해도 10분 안에 이야기하는 것은 힘들 것이다. 면접은 필기시험과 마찬가지로 시간이 정해져 있고 그 시간을 효율적으로 활용하여 자신을 내보이는 것이다. 그러나 이러한 사람들은 그것은 생각하지 않고 적당하지 않은 말까지 많이 하여 시간이 부족하다고 하는 사람들이다. 이와 비슷한 사람들 중에는 자기가 지금껏 해온 일을 무조건 늘어놓는 사람들이다. 이들은 자신이 한 일을 열거하면서 모든 일에 열의가 있는 사람이라고 생각해주길 바라지만 단순 나열일 뿐 면접관들에게 강한 인상을 남기지 못한다.

(4) 너무 오래된 추억을 이야기하는 사람

면접에서 초등학교 시절의 이야기를 하는 사람은 어떻게 비춰질까? 그 이야기가 지금까지도 영향을 미치고 있다면 괜찮지만 단순히 일회성으로 그친다면 너무 동떨어진 이야기가 되버린다. 가능하면 최근의 이야기를 하는 것이 강렬한 인상을 남길 수 있다.

05 면접에 대한 궁금증

(1) 1차, 2차 면접의 질문이 같다면 대답도 똑같아야 하나요?

면접관의 질문이 같다면 일부러 대답을 바꿀 필요는 없다. 1차와 2차의 면접관이 다르다면 더욱 그러하며 면접관이 같더라도 완전히 다른 대답보다는 대답의 방향을 조금 바꾸거나, 예전의 질문에서 더욱 구체적으로 파고드는 대답이 좋다.

(2) 제조회사의 면접시험에서 지금 사용하고 있는 물건이 어느 회사의 제품인지를 물었을 때, 경쟁회사의 제품을 말해도 괜찮을까요?

타사 특히 경쟁사의 제품을 거론하는 것을 좋아할 만한 면접관은 한 명도 없다. 그러나 그 제품의 장·단점까지 분석할 수 있고 논리적인 설명이 가능하다면 경쟁회사의 제품을 거론해도 무방하다. 만약 면접을 보는 회사의 제품을 거론할 때 장단점을 설명하지 못하면, 감점요인까지는 아니지만 좋은 점수를 받기는 힘들다.

(3) 면접관이 '대답을 미리 준비했군요'라는 말을 하면 어떻게 해야 할까요?

외워서 답변하는 경우에는 면접관의 눈을 똑바로 보고 말하기가 힘들며, 잊어버리기 전에 말하고자 하여 말의 속도가 빨라진다. 면접에서는 정답이 표면적으로 드러나 있는 질문보다는 지원자의 생각을 묻는 질문이 많으므로 면접관의 질문을 새겨듣고 요구하는 바를 파악한 후 천천히 대답한다.

(4) 집단면접에서 면접관이 저에게 아무런 질문도 하지 않았습니다. 그 이유는 무엇인가요?

이력서와 자기소개서는 면접의 기본이 되며 이력서의 내용이 평범하거나 너무 포괄적이라면 면접관은 지원자에게 궁금증이 생기지 않는다. 그러므로 이력서는 구체적이면서 개성적으로 자신을 잘 드러낼 수 있는 내용을 강조해서 작성하는 것이 중요하다.

(5) 면접관에게 좋은 인상을 남기기 위해서는 어떻게 하는 것이 좋을까요?

면접관은 성실하고 진지한 지원자를 대할 경우 고개를 끄덕이거나 신중한 표정을 짓는다. 그러므로 지나치게 가벼워 보이거나 잘난 척하는 자세는 바람직하지 않다.

(6) 질문에 대한 답변을 다 하지 못하였는데 면접관이 다음 질문으로 넘어가 버리면 어떻게 할까요?

면접에서는 간단명료하게 자신의 의견을 일관성 있게 밝히는 것이 중요하다. 두괄식으로 주제를 먼저 제시하는데 서론이 길면 지루해져 다음 질문으로 넘어갈 수 있다.

(7) 면접에서 실패한 경우에, 역전시킬 수 있는 방법이 있을까요?

지원자 스스로도 면접에서 실패했다고 느끼는 경우가 종종 있다. 이런 경우에는 당황하여 인사를 잊기도 하나 그 때 당황하지 말고 정중하게 인사를 하면 또 다른 인상을 심어줄 수 있다. 면접관은 당신이 면접실에 들어서는 순간부터 나가는 순간까지 당신을 지켜보고 있다는 사실을 기억해야 한다.

06 면접에서의 공통질문

대부분의 기업들이 아래 세 가지를 반드시 질문한다.

(1) 자기소개를 해보세요.

자기소개시 정말로 자기 신상에 관해서만 소개하거나, 장점만 나열하는 것은 좋지 않다. 처음부터 업계, 회사, 담당 직무에 많은 관심을 가지고 준비해왔음을 보여주자.

(2) 당사에 지원하게 된 동기를 말씀해주세요.

이 경우도 마찬가지다. 회사에 대한 개인적인 생각이나 취향을 이유로, 또는 회사가 업계에서 유명한 곳이기 때문에 지원했다고 답하지 말자. 해당 산업의 현실, 회사의 당면 과제 등을 파악해서 이에 대한 필요를 채워줄 수 있는 나의 장점을 설득력 있는 예를 들어 제시하자. 이를 통해 내가 회사에 필요한 인재이기 때문에 지원했음을 알려주는 것이다.

(3) (경력의 경우) 이직의 동기가 무엇입니까?

이 경우 이전 회사나, 직장 동료에 대한 부정적인 언급은 하지 말자.

위의 질문들 다음으로 가장 빈도수가 높은 질문은 "마지막으로 하실 말씀 있으면 해보세요."이다. 면접을 마칠 때 이 질문을 들으며 '이제는 끝났구나!'하고 입사 후 포부의 잘못 된 예처럼, '만약 합격한다면 최선을 다하겠습니다.' 등의 막연한 말들을 늘어놓지 말자. 대신에 해당 분야와 기업의 현황 등을 간략하게 말하고 이 속에서 내가 나아가야 할 방향과 담당 직무를 위해 준비해야 할 것들을 묻자. 이렇게 한다면 마지막까지 좋은 인상을 심어줄 수 있을 것이다.

아래는 시사상식, 직무와 개인 신상에 관한 특수한 질문은 제외하고 각 기업별로 출제 빈도가 높은 질문들을 모아보았다. 대부분의 기업에서 공통으로 질문하는 것들은 반드시 준비해 두자.

상식
용어사전
시리즈
합격GO!

1 빈출 일반상식

공기업/공공기관 채용시험 일반상식에서 자주 나오는 빈출문항을 정리하여 수록한 교재! 한 권으로 일반상식 시험 준비 마무리 하자!

2 중요한 용어만 한눈에 보는 시사용어사전 1152

매일 접하는 각종 기사와 정보 속에서 현대인이 놓치기 쉬운, 그러나 꼭 알아야 할 최신 시사상식을 쏙쏙 뽑아 이해하기 쉽도록 정리했다!

3 중요한 용어만 한눈에 보는 경제용어사전 1007

주요 경제용어는 거의 다 실었다! 경제가 쉬워지는 책, 경제용어사전!

4 중요한 용어만 한눈에 보는 부동산용어사전 1300

부동산에 대한 이해를 높이고 부동산의 개발과 활용, 투자 및 부동산 용어 학습에도 적극적으로 이용할 수 있는 부동산용어사전!

자격증 기출문제 총집합!

자격증 별로 정리된
기출문제로 깔끔하게 합격하자!

기출문제로 자격증 시험 준비하자!

스포츠지도사, 손해사정사, 손해평가사, 농산물품질관리사, 수산물품질관리사, 관광통역안내사,
국내여행안내사, 보세사, 건축기사, 토목기사